御社にそのシステムは不要です。

中小企業のための〝失敗しない〟ＩＴ戦略

株式会社ジョイゾー
代表取締役社長
四宮靖隆

あさ出版

まえがき

昨今、「DX（ディーエックス）」（デジタルトランスフォーメンション）という言葉を、耳にしたことはないでしょうか。詳しい説明は本文に譲るとして、今、世の中では「IT化」「デジタル化」の流れがますます加速しています。

本書を手にとってくださった方の中にも、「DXをやろう」「デジタル化に乗り遅れてはいけない」と考えていらっしゃる方も多いのではないでしょうか。

そして、IT化したいけれど、

「何から手をつければいいの!?」

「どこに相談すればいい？」

「お金、いっぱいかかるんじゃ……」

「使いこなせるのだろうか」

——といった不安がある方もいらっしゃると思います。

本書は、超有名企業から中小企業を中心に、７００社以上もの業務改善、システム構築をしてきた私たちの経験から、「どうすればＩＴ化に失敗しないか」という観点より、ＩＴ化は誰が、何を、どうやって、いつやるのか、について細かく解説した一冊です。

ＩＴに詳しくなくても大丈夫です。

なぜなら、私たちのまわりでは、「ＰＣに触れたことすらない」どころか、「ＰＣのスイッチを入れたら爆発しそう」と敬遠していた人（※実話です）であっても、今ではしっかり、導入したシステムを使いこなしているからです。

さらにいってしまえば、今までシステム構築の支援をさせていただいた企業さんのうち、９割近くの方々はＩＴに詳しくありませんでした。

そして、気になる〝お金〟の話についても、触れています。

実は、ＩＴ化の取り組みには、いくどとなく繰り返され続けている、失敗パターンがあります。それは、〝高価〟で〝不要〟なシステムのために、貴重な〝お金〟〝労力〟〝時間〟をムダ遣いしているというものです。

システムを使いこなせず、業務課題や経営課題がまったく解決されない。

もしくは、いわれるがまま、不要なシステムを導入してしまっている。

本書タイトルの『御社にそのシステムは不要です。』ではありませんが、今、日本中でこのような失敗が繰り広げられているのです。

しかし、失敗パターンを知り、いくつかの押さえるべきポイントをしっかり押さえれば、不要なシステムを導入することも、ＩＴ戦略に失敗することもありません。

もはやＩＴ化は、wantではなく、mustの時代になりました。どんなシステムを、どんなふうに導入すれば、ＩＴ化の最善ルートを進んでいくことができるのか――。

本書はその道筋を照らします。

ではさっそく、「何のためのＩＴ化なのか」を明らかにするところを出発点として、誰が、何を、どうやって、いつやるかなどを、すべて解説していきましょう。

御社にそのシステムは不要です。──中小企業のための〝失敗しない〟IT戦略　もくじ

まえがき　3

1章
そのシステムは、〝何のため〟に導入するのか？
〜IT化は〝目的〟ではなく〝手段〟である

「IT化すること」が目的ではありません　18

その悩み、IT化で解決できます！　22

IT化で実現できる目的①　日々の業務のムダとムラをなくす　25

「能力差は仕方がない」のウソ　27
実は少ない「その人にしかできない仕事」　30
「誰もが簡単に使える」システムを目指す　33
ＩＴ化で実現できる目的②　リソース配置の最適化　37
会社を〝強く〟〝長生き〟させるために　38
「人にしかできない業務」を見つけ出す　40
組織体制の変化にも柔軟に対応する　44
ＩＴ化で実現できる目的③　新たな事業や働き方を創出　46
〝既存のルール〟にしばられない　47
課題が見えれば手段も見える　54
1章まとめ　57

2章 IT化（業務改善）担当者に〝ふさわしい人〟とは？
〜チーム作りの要になるのは〝ITの知識〟ではない

専門業者に「丸投げ」してはいけない理由 60

「なくてもいい」ITの知識 64

IT化（業務改善）担当者に欠かせない要素① 顧客目線を持っている 66

「自分たちのため」という意識を強く持つ 70

IT化（業務改善）担当者に欠かせない要素② IT化に取り組む熱量がある 73

結果を左右する〝社長の熱量〟 75

チームは〝少数精鋭〟で 77

先延ばしは経営リスクになる 79

IT化（業務改善）担当者に欠かせない要素③ 失敗を過度に恐れない 81

仮説の状態でスタートしていい　84
「やってみなければわからない」のはIT化も同じ　86
IT化による業務改善は〝社員全員〟の仕事　90
2章まとめ　95

3章 IT化に取り組むには〝何をすれば〟いい？
～業務改善に向けた基本的な流れを押さえよう

シンプルな〝IT化担当者がやるべきこと〟　98
IT化のステップ① 業務の流れを分解する　101
現場の業務内容を丁寧にヒアリングする　105

IT化のステップ② IT化で解決できる課題を見つける 109

「現場の人が見つけた問題点だけ」が唯一ではない 112

せっかくのツールを〝野良〟にしないために 115

業務フローの改善で解決できることも 119

機能の数と使いやすさは別のもの 123

ヒアリング内容を計画書にまとめる 128

IT化のステップ③ IT化の予算を確保する 133

①「投資」の視点を持つ 134

②既存のシステムにこだわらない 135

③システム運用開始後の予算を残す 138

「高い」「安い」で判断しない 142

予算を決めて効果をイメージ 144

3章まとめ 147

4章 「システム作り」と「業者」はどう選べばいいのか？

~この〝ポイント〟をはずさなければ大丈夫

中小企業にはクラウドサービスがおすすめ 150

「変化に合わせてシステムを変えられる」という強み 156

クラウドサービスを上手に利用するには？ 157

クラウド活用術① 「お試し」で使い勝手を確認する 158

クラウド活用術② 「やめられる」という選択肢を持っておく 161

クラウド活用術③ アジャイル型の特徴を活かす 165

作りながら要件を見極め、完成度を高めていく 169

開発業者は何をする？　SIerの役割は「統合」 172
SIerが担う作業内容とは？ 175
①課題の発見と整理（業務目的の明確化） 176
②IT化の計画と全体像の設計（要件定義） 177
③データベースとデータの流れを設計（設計） 178
④システムを作る（開発） 180
⑤運用と改善（運用改善） 181
狙い目は「情報発信に積極的な業者」 184
実績より大事な〝ヒアリング力〟 188
「まとめる」のではなく「組み合わせる」 191

「この業者とチームになれるか？」 194
チームを組める業者の条件① 課題解決に目を向けているか 196
チームを組める業者の条件② チームで取り組む意識を持っているか 200
4章まとめ 203

5章 IT化は「今すぐ」「待ったなし」

～中小企業ほど優位性を発揮できる！

「いつやればいいの？」――その答えは明白です 206
いまいち「ピン！」ときていない人をどうするか 208

「すぐやる」意識の共有法① できることからやる 211
「比較すること」が迷いのもとになる 214
とにかく〝一歩〟踏み出す 216
導入時にはIT化担当者の〝伴走〟が大事 218
各部署への丸投げに注意！ 221
「すぐやる」意識の共有法② 小さく始める（スモールスタート） 224
「あらゆる負担」をなるべく軽く 227
効果を共有してやる気を高めよう 231
「人は変えたくないのではない。変えられたくない」 234
抵抗勢力の攻略ポイント① 「何のため」の再確認と共有 238
情報共有＝課題の共有 240
現場は経営者の覚悟を見ているもの 244
「基本」を理解することが何より大事 247

抵抗勢力の攻略ポイント②
今ではなく未来に目を向ける 251
「他社の取り組み」が見えない恐ろしさ 253
遅れるほど採用にも不利になる 256
IT化はすべてにつながっている 259
増やすだけでなく〝減らす視点〟を持とう 263
5章まとめ 267
あとがき 268

編集協力／伊達直太
玉置見帆
特別協力／落合絵美
(Kiss and Cry)
四宮琴絵

1章

そのシステムは、〝何のため〟に導入するのか？

〜ＩＴ化は〝目的〟ではなく〝手段〟である

「IT化すること」が目的ではありません

「社長、このシステム、しばらくアップデートされていないようですね」

「あ〜〜。そのシステムは使っていないんですよね……」


お客様が使用されているシステムを初めて見せていただいたとき、しばしば交わされるのがこのやりとり。


せっかくお金と時間をかけて作ったにもかかわらず、

「使い方がわからない」

「使いづらいから使わない」

などの理由で放置される、いわゆる〝**野良システム**〟、**通称**〝**野良**〟が、多くの会社のシステムに何食わぬ顔で存在しています。

もったいないと思いませんか。

使いもしない、存在すら忘れられているような〝野良〟が、いったいなぜ生まれてしまうのでしょうか？

端的にいえば、**経営課題を解決する〝手段〟でしかなかったはずの「IT化」が、いつの間にか〝目的〟にすり替わってしまった結果**なのです。

たいていの経営者は、ＩＴ化を考え始めた当初、

「手書きの帳簿をデジタルに置き換えたい」

「社員の業務量を平準化したい」

「在庫数を正しく把握したい」

といった、しっかりとした課題意識を持っています。

ところが、あれやこれやとＩＴツールを比較検討し、さまざまな情報が入ってくるうちに、この課題意識はどこかに置き去りにされてしまいます。

その代わりに、

「このツールは便利そうだ」

「このアプリが流行(はや)っているらしい」

といった、目新しさや流行り、最新技術といった点にばかり目が向くようになるのです。

そうして、システムの利便性向上や業務の効率化といった、当初あったはずの課題などまったく解決してくれない不要なシステムを、つぎつぎに導入してしまう……。

これが、〝野良〟誕生のメカニズムというわけです。

さて、私が本書の冒頭でこの〝野良〟についてお話ししようと思ったのには、もちろんちゃんとした理由があります。

最近、**デジタルトランスフォーメーション**、いわゆる「**DX**(ディーエックス)」という言葉を耳にしたことはないでしょうか。

DXとは、簡単にいえば、**進化し続けるデジタル技術を、人々の暮らしはもとより、企業や行政といった組織、あるいは社会そのものの仕組みの中に浸透させていくことで、根本的なところからより豊かなものに変革すること**です。

世の中全体が、今、この流れに乗ろうとしています。

２０２１年にはデジタル庁の新設が予定されるなど、政府もまたデジタル化の流れを後押しする姿勢を明らかにしました。

ようするに、今後、

「ＤＸをやろう」

「デジタル化に乗り遅れてはいけない」

と考える経営者がさらに増えてくるであろうことは、想像に難くないのです。

さらにいえば、こうした発想のもとに導入されるシステムの多くは、おそらく〝野良〟となるでしょう。

「課題解決」という首ひもが切れてしまったシステムは、〝野良〟になるしかないからです。

その悩み、IT化で解決できます！

では、いったいどうすれば、〝野良〟を生み出すような失敗を回避できるのでしょうか。

重要なのは、

「IT化は目的ではなく、手段である」

という認識を常に持ち、

「何のためにIT化するのか」

「IT化で何を解決したいのか」

と、自分自身に問いかけ続けることです。


その一方で、自社のIT化に乗り出そうとする経営者の方たちから話を伺うと、皆さんの脳裏には次のような言葉がよぎるといいます。

「そうはいっても、課題はたくさんある」

「そもそも、ＩＴ化で何が解決できるのかよくわからない」


なるほど、お気持ちはよくわかります。

デジタル技術は日々進化を続けています。

それを専門としない方たちにとって、進化のスピードに追いつくことも、技術を理解し、システムを取捨選択して取り入れていくことも、容易ではありません。


そもそも、ＩＴ化によって何をどうすることができるのか——。

まずはそこから解説を始めてみましょう。

ＩＴ化によってできることには、大きく分類して次の３つが挙げられます。

①日々の業務のムダとムラをなくす

②リソース配置の最適化
③新たな事業や働き方を創出

では、１つずつ見ていきましょう。

IT化で実現できる目的①

日々の業務のムダとムラをなくす

「時間」「労力」「お金」――これこそ業務のムダになりえる3大要素です。
ＩＴ化によって、これら3つのムダをなくすことができます。

驚くことに、日本企業では未だに、手書きで帳簿の記入を行っているところも少なくないようです。習慣化した仕事のやり方を変えるのは難しいとはいえ、帳簿の記入などは、ＩＴ化することでかなりのムダを省くことができる典型例といえるでしょう。

そもそも「手で書く」という作業そのものが、手間と時間がかかり非効率です。

さらに書き手が悪筆であれば、他人には読めなかったり、ひどい場合は本人すら読み間違えたりしてしまいます。「品質（Quality）」「コスト（Cost）」「納期（Delivery）」、いわゆるＱＣＤのすべてが低下してしまう可能性が高いといえます。

では、手書きで帳簿を書くといった、日常の業務をＩＴ化したらどうなるのか？

簡単にイメージしてみましょう。

たとえば、仕入れた商品や来客者の数を自動で集計し、台帳に入力するシステムを導入すれば、手書きはもちろん、手入力にかかる手間と時間も削減できます。

また、ペーパーレスで情報を管理できますから、書類を管理する手間もスペースも削減できます。誤字や記入ミス、入力ミスすらも防げます。

これらは、「手書き、手入力の作業を効率化する」という目的をもとにして、ＩＴ化する一例ですが、このように目的が常に明確であれば、システムを導入したあとに、

「入力ミスがどれだけ減ったか」

「社員の残業時間が何割減ったか」

など、ＩＴ化による効果がどれだけ得られたかを容易に数値化できます。ようするに、ＩＴ化の成否について、正しく評価することが可能になるのです。

「ＩＴ化は手段である」とは、まさにこの点を指しています。

経営面から見て重要なのは、「自動入力システムを導入したこと」ではありません。

そのシステムを導入したことにより、

「『手書き、手入力の作業を効率化する』という目的が果たせたか」

という点なのです。

期待通りの成果が得られたなら、正しい経営判断だったといえますし、逆に効果がいまいちだったなら、別の手段を検討しなければならないでしょう。

こうして**成果を評価したり、その結果を受けて次の改善策を考えたりするためにも、**

「何のためのＩＴ化なのか」

をあらかじめ明確にし、それを常に意識してＩＴ化に臨むことが大事なのです。

「能力差は仕方がない」のウソ

同じような案件なのに、個々人のスキルに差があるため、「誰が担当するか」によって、結果が変わってしまうことがあります。

「能力差は仕方がない」と原因も探らず、対策も練らずに放置すると、仕事は自然とスキルの高い人に集中してしまいます。そうして、ある人はものすごく忙しいのに、ある人は仕事がなくてすごくヒマ、という状況ができ上がってしまうのです。

社員の能力のムラが、忙しさのムラにつながり、最悪の場合、忙しすぎて、優秀な社員ほど辞めてしまう。

こうした問題を解決するのにも、ＩＴ化は一役買います。

たとえば、営業担当者によって営業トークのスキルに差があることが、それぞれの成果を左右しているという問題があったとします。原因を探った結果、各担当者を指導する先輩社員の営業トークに、そもそも能力差があったのだとわかりました。

この問題をどうすれば解決できるでしょうか？

１つ考えられるのは、営業トークの上手な先輩社員が、後輩たちを一手に引き受け、まとめて指導する方法です。

しかし、この解決法は現実的ではありません。営業トークの上手な人に負担が集中してしまい、かえって〝さらなるムラ〟ができることになりかねないからです。

その他の業務に影響が出ることも考えられます。

そこで、ＩＴ化です。育成制度をデジタル化するのです。

たとえば、営業トークを学ぶための教材となる動画を制作します。

お手本となる営業トークの動画を用意することで、皆が同じレベルのものを、同じように学べる環境を作ることができます。少なくともトレーナーである先輩社員の能力差が、後輩たちの能力育成のムラにつながる事態は解消できるはずです。

トレーニングやスキルの評価を、オンライン化するといった方法も考えられます。

営業トークに関して、先輩社員とオンライン上でコミュニケーションをとれる環境を整えるのです。疑問や悩みがあれば、先輩社員が他業務で忙しかったり外出したりしている間にも、質問を送っておくことができます。先輩社員は空き時間に質問に目を通して、答えを送るのです。

時間と手間が省けて効率化が図れます。


こうした育成制度のデジタル化は、業務の属人化を防ぐことにもつながります。

とくに営業は属人化しやすい職種の１つです。

担当者個々人が独自の営業術を持っていたり、自分の顧客を囲い込んだりする傾向があり、そのノウハウやデータは個人に蓄積され、他の担当者に共有されることが少ないため、部署内で売れる人と売れない人のムラが生まれやすいのです。

しかし、先に挙げた「営業トークのお手本動画」を共有できたらどうでしょう？ 売れない人が売れる人の方法を学べるのはもちろんのこと、売れる人も、動画を見たり、その制作を担ったりすることによって、自分の営業方法を見直したり改善したりするいい機会になるはずです。

売れる人も、売れない人も、スキルアップできる。また、売れない人が売れるようになれば、これまで売れていた人ばかりに集中していた仕事も分散されます。

つまり、営業部全体の能力が底上げされ、業績も上がりやすくなると考えられます。

実は少ない「その人にしかできない仕事」

会計、労務、人事などの業務も、専門性が高く、担当者以外が関与しづらいため、営業と同様に属人化しやすい傾向があります。

さらに中小企業では、人事部や経理部などの部署が独立していないケースも多く、

それらの業務はもちろん、その他のあらゆる業務を総務部が一手に引き受けているこ
とも少なくありません。その負担は相当なものでしょう。
これも、業務のムラの1つといえます。
そして、重すぎる負担を軽くするのに、ＩＴ化は有効な解決策となるのです。

かつてシステムの導入には、時間もコストもかかるのが普通でした。
しかし、最近ではサービスの形もさまざまに増え、安価に手早く導入できるような
選択肢も増えました。
その1つがSaaS（サース／Software as a Service）。
従来はパッケージ製品であるソフトウェアを、利用者側のハードに導入するという
やり方が一般的でした。
一方SaaSは、ソフトウェア自体はそれを提供する側のクラウドサーバー上にあり、
利用者側はインターネット経由で、サービスとしてそれを利用します。
ソフトウェアを開発する必要がなく、導入までにかかる時間とコストはかなり抑え
られます。自社に合わせてカスタマイズする自由度は低いものの、業務に必要な機能

は充実していますから、すぐに利用できます。

また、アカウントで管理されるため、デバイスが変わってもソフトを利用でき、インターネット経由でアクセスするので、リモートワークにも対応可能という便利なサービスです。

たとえば、業務改善系のソフトウェアとしてよく知られている、会計ソフトのfreee（フリー）や、人事・労務管理ソフトのSmartHR（スマートエイチアール）といったソフトウェアもSaaSで提供されており、これまでより安価に利用できます。

会計業務や労務管理業務などは、不慣れな人が担当すると、どうしても時間がかかります。さらに、中小企業では、それらの分野について専門性の高い人を採用するのが難しい面もあるでしょう。

そこで、仕方なく、社長が夜な夜なエクセルファイルと向き合っている……そんなケースも珍しくありません。

しかし、freeeやSmartHRを導入することで、さほど専門性が高くない人でも、業務をこなすことができるようになります。

専門性が高い・低いを問わず、担当者の負担は激減し、日々エクセルと格闘していた社長も、本来の仕事である経営や営業に時間を割けるようになるはずです。

「誰もが簡単に使える」システムを目指す

さて最後に、「ムダとムラをなくす」という観点からもう1点、お話ししておきましょう。すでに何某（なにがし）かのシステムが導入されているケースでの話です。

中小企業でありがちなのが、〝社内の他の人よりはＩＴに詳しい〟という人をたった１人の担当者として、システムの管理や情報の整理をすべて任せてしまうことです。

たとえば、担当者は1人でシステムから顧客や売上のデータを抽出し、エクセルでデータを管理し、周りはその担当者に頼り切って、データの入力や分析を任せっぱなしにしていたとしましょう。

さて、この担当者がいなくなってしまったら？

残された社員たちは、データの入力方法も抽出方法も、集計するやり方もわかりません。当然、システムを更新する方法も知りません。無理にやろうとして見当はずれな業績予測を出したり、そのせいで経営判断を間違ってしまったり……。

決してあり得ない話ではないのです。

有効に扱える人間がいなければ、どれだけ有能なシステムも役立たずになってしまいます。使いこなせないシステムはやがて放置され、〝野良〟の仲間入り……。

何とももったいない話だと思いませんか。

システムを理解し使える人間が新たに入社してこない限り、重要なデータは誰の目にも触れないまま、〝野良〟の中に閉じ込められ続けることになります。

どうすれば、こうしたリスクを未然に防げるのでしょうか。

難しいことではありません。

それが誰にでも簡単に使えるシステムであればいいわけです。

そんな都合のよいものなどないと思われるかもしれません。しかし、技術は驚くほど進化しているのです。

私がシステム導入を支援してきた会社には、「エクセルが少し使える程度」「ほとんどＰＣに触ったことがない」という方たちもいましたが、最終的には皆さんきちんと

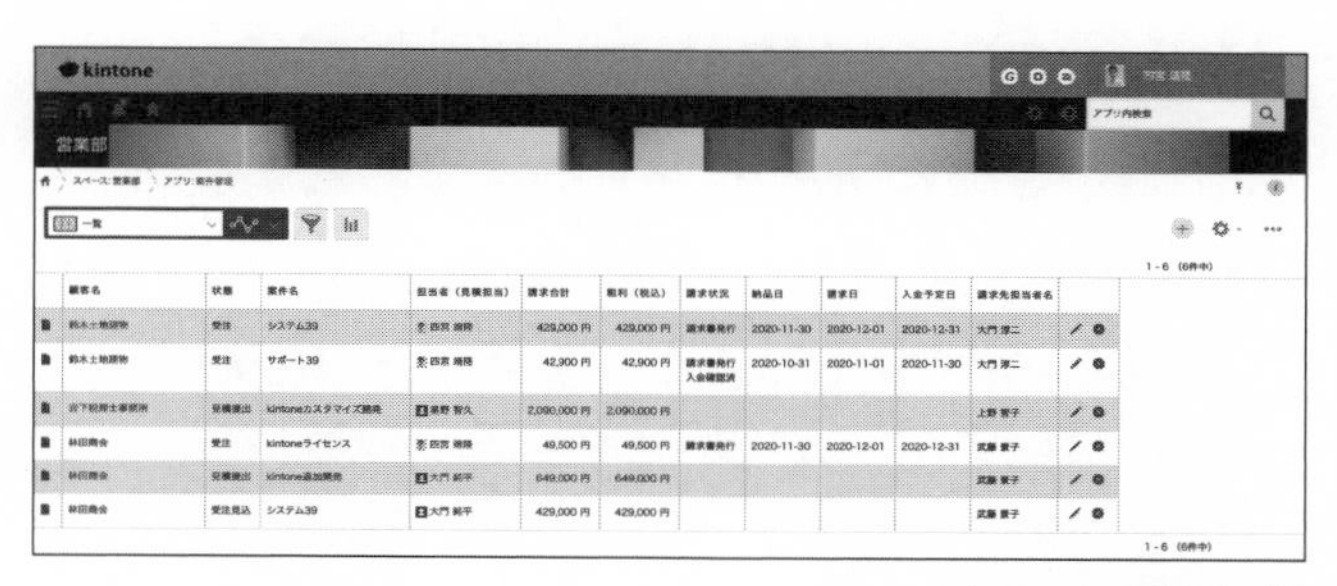

キントーンの画面一例

システムを使いこなせるようになりました。

日々、血のにじむような努力をしたから、というわけではもちろんありません。

意外に思われるかもしれませんが、今やちょっとしたシステムくらいなら誰にでも作れてしまうくらい、システム開発は簡単なものになっています。

kintone（キントーン）は、プログラミングの知識などなくとも数分で業務システムを作成できてしまうという、業務改善プラットフォームの代表格ですが、今はこうしたITツールを活用することで、システムの構築も運用も容易なものになっているのです。

もちろん、業務改善ソフトやプラットフォームを導入すれば万事解決、というわけではありません。それは「何のため？」の視点がない「IT化ありき」の考

え方ですから、注意してください。

業務改善系のシステムはいくつもあり、それぞれ使い勝手や機能が違います。もし使い方の難しい、特定の人しか操作できないシステムを導入してしまえば、結局は属人化し、やがて無用の長物にならないとも限りません。

アナログからデジタルに置き換えることによって、操作や管理を簡単にする。

ＩＴ化が持つその効果を、最大限活用する。

この視点を持ってＩＴ化を推し進めていくことが、属人化のリスクを抑えることにつながるのです。

ＩＴ化で実現できる目的②
リソース配置の最適化

ヒト・モノ・カネをいかに使うか――というのは、経営資源、いわゆるリソースが不足しがちな会社においては、常に頭の痛い問題だろうと思います。リソースの最適化は、経営安定や業績アップにつながる直接的な要因です。

一方で、ＩＴ化によってムダとムラが減ると、人の手が空き、時間やお金の余裕が生まれやすくなるのは、すでにご説明した通り。

また、日々の商談についても、改善策はさまざまに考えられます。

顧客からの電話問い合わせを自動応答のシステムに置き換えたり、問い合わせを受けた顧客のデータを手入力から自動入力に替えたり、会議の議事録作成を自動化したり、営業日報を電子化したり……。

ある程度、デジタル技術に関する知識があれば、できることはいくつも思いつくものです。

昨今のコロナ禍で、多くの会社が日々の勤務をリモートワークに置き換えましたが、これもまた、ＩＴ化によって移動時間やコストを削減したよい例となりました。

こういった視点で日々の業務を見直してみると、ＩＴ化によってリソース配置を最適化できそうな部分――ようするに、今よりもっとリソースを有効活用できそうな点が、きっとまだまだ見つかるでしょう。

会社を〝強く〟〝長生き〟させるために

一方、リソース配置を最適化するときの問題点を考えると、ＩＴ化されるまでに多少の手間がかかる点が挙げられます。

先の例でいえば、オンライン育成のシステムや、電話問い合わせの自動応答システムを構築するのであれば、当然投資コストがかかります。

動画やシステムを作るための費用と時間はもちろん、でき上がったシステムをきちんと使いこなしていくために、新たな仕組みに慣れるための時間も必要でしょう。

ただし、一度システムが動き始めれば、その後は楽です。

動画教材を導入すれば、定期的に新しい動画を制作する必要はあるでしょうが、マンツーマンで指導することに比べれば、手間も時間もかかりません。

自動応答のシステムについても、定期的なメンテナンスは必要となるものの、日常的な問い合わせ対応の業務に人手を割く必要はありません。

つまり、最初の手間さえ惜しまなければ、その先はシステムに任せられます。負荷なく継続できる仕組みがどんどん回り始めます。


また、**リソース配置の最適化は、仕組みの継続性を高めると同時に、各業務の安定性と安全性を高めることにも一役買います。**

たとえば、新人教育を先輩社員に任せた場合、その先輩が長期休暇をとったり、退職したりすれば、新人の育成は中途半端なまま止まってしまうでしょう。

しかし、オンラインで学べる環境があれば、トレーナー役がいなくなっても問題ありません。つまり、会社として安定的に人を育てていけるわけです。

リモートワークの環境を整えておけば、いつ何時、緊急事態宣言が出るようなことになっても事業を継続でき、経営は安定します。非接触の環境で仕事ができるので、安全性も高まります。

そう考えると、**ＩＴ化によるリソース配置の最適化は、単に業績アップを実現するための取り組みではなく、会社を強くし、長生きさせるための取り組みともいえる**でしょう。

「人にしかできない業務」を見つけ出す

リソース配置の最適化が、大きな効果を生み出すであろうことは、実感していただけたと思います。

しかし、１つ注意してほしいのは、**何でもかんでもＩＴ化すればよいわけではない**ということです。ＩＴ化によって、ムダとムラを減らすことは大事です。

ただし、一見してムダに思えることが、状況によって、もしくは立場によっては、ムダにならないことがあるのです。

たとえば、「ペーパーレス化」は、ムダを省くための代表的な取り組みといえるでしょう。これまで出力して紙で扱っていた資料を、データで扱うようにするわけです。ＰＣやタブレットなどを利用して閲覧できるようにします。

ただし、打ち合わせや商談の際には、紙の資料のほうが視認性がよく、好まれることがあります。ＰＣやタブレットの画面では、スクロールしなければ資料全体が見えない場合もあり、そういうケースでは見づらく感じられて不便なのは確かです。

また、**自社としてはムダに思えることも、お客様にとってはムダではない場合もあります。**

ファックス注文よりオンライン注文のほうが、ペーパーレス化はもちろん、受注処理の工数が削減できます。

しかし、ファックスを使っている取引先に、こちらの都合でＩＴ化を押しつけることはできません。むしろ、あえてファックス注文を残すことが、取引先の満足度向上につながる可能性も考えられます。

この場合、活字の文字をデータ化できるＯＣＲなどのソフトウェアで、ファックスを読み取るシステムを構築しておけば、入力の手間を省くことができます。

こうして、**業務の改善を図りつつ、お客様の満足度も失わないためには、どのような手立てが必要となるのか、それについて取捨選択して検討できるのも、「IT化するのは、何のため？」という視点を失わなければこそです。**

業務に合わせて、お客様に合わせて、アナログで残すところは残しながら、システムを構築していく。

それが重要です。

問い合わせの自動応答システムができれば、会社としては人件費削減につながります。

しかし、お客様は、

「オペレーターと話をして、細かく説明を受けたい」

と希望しているかもしれません。つまり、「お客様の満足度を高める」という視点で見れば、自動応答のシステムが逆効果になる場合もあるわけです。

リモートワークができる環境は、移動にかかる時間やコストを抑える手段になりますが、「出社して仕事をしたい」と考える社員や、「リアルで打ち合わせしたい」と望むお客様だっているでしょう。

「ＩＴ化すること」が目的にすり替わってしまうと、そのような声すら聞こえなくなってしまいます。

繰り返しになりますが、**重要なのは「何のため？」**です。

見方を変えると、**リソース配置の最適化を目的とするならば、まずは「人がやったほうがよい仕事」や「人にしかできない業務」を見つけ出すことから着手するといい**でしょう。それ以外の業務については、ＩＴ化を進めればいいからです。

事業のアイデアを練ったり、お客様を「おもてなし」したりといったことは、今のところ人にしかできません。つまり、ＩＴ化の対象にはならないわけです。

一方、データの転記や入力といった単純作業は、人がやってもよいのですが、機械に任せることもできます。必ずしもＩＴ化したほうがよいとはいえませんが、効率化したらどんなメリットがあるか、考えてみる価値はあるでしょう。

つまるところ、**アナログとデジタルを融合した形も、リソース配置を最適化しているといえます。**

アナログのよいところを残しつつ、IT化できる箇所を選び、その結果として見えてきた形が、

「IT化するのは、何のため？」

という問いかけに、答えられているかどうか。

そうした確認が大事になります。

組織体制の変化にも柔軟に対応する

リソース配置を見直す際には、組織体制などの見直しが必要になることもあります。

たとえば、オフィス。

リモートワークの社員を増やすのであれば、広いオフィスを借りる必要性はありません。実店舗をネットショップに置き換える場合も同様で、その結果、店舗を減らすのであれば、家賃が浮き、その分を新たなリソースとして使えるようになります。

人もそうです。

従来であれば、現場の活動状況などを中間管理職がまとめ、上層部に報告するという流れが一般的でした。逆も然りで、上層部が発信する情報をまずは中間管理職が受け、それを現場に伝えていました。

しかし、ＩＴ化は、この流れを変える可能性があります。

上層部と現場が密にコミュニケーションできるようになれば、間に立って情報をつなぐ中間管理職の役割が１つ減ります。現場の社員の仕事ぶりを数値化し、オンラインで評価できるようになった場合も、部下を評価するという中間管理職の役割が１つ減るでしょう。

課長や部長が不要になる、ということではなく、役割が変わるのです。

そうした役割の変化を想定して、中間管理職の新たな役回りを考えたり、彼らが持つ経験や知識を活かす方法を考えたりすることも、リソース配置の見直しに含まれます。

ＩＴ化によって起きる変化を踏まえて、組織体制の変化についても柔軟に対応し、最適化させていく必要があるのです。

IT化で実現できる目的③

新たな事業や働き方を創出

IT化で実現できる3つ目の目的は、**新たな事業や新たな働き方を創り出す**ことです。これは、**IT化の最終的な目的**といってもいいでしょう。

先に挙げた2つの目的（①日々の業務のムダとムラをなくす、②リソース配置の最適化）は、アナログ業務をデジタルに置き換え、その結果として事業の効率と生産性を高めることを意図としています。いわば、業務の改善のためのIT化であり、改善のベースとなる業務やリソースは、すでに手元にある状態です。

一方、**新たな事業や働き方を創出するのは、ゼロからイチを生み出す新規創出の取り組み**といえます。

たとえば、IT化で集められたデータを使った新たなサービスを考える、あるいは、新たな技術や新たなITサービスを使って、新たな働き方を確立するなどです。

言い方を換えるなら、**前述の２つの目的がアナログをデジタルに置き換えるＩＴ化であるとするなら、３つ目の目的「新たな事業や働き方を創出」は、ＤＸの領域といえる**でしょう。

〝既存のルール〟にしばられない

新たな働き方の創出という点では、いわゆるリモートワークの実現に関してコロナ禍の今はまさに、さまざまなアイデアが生まれ、システムが動き始め、さらには新たな問題点も明らかになった頃合いです。

前述の通り、昨今はSaaS型サービスの数が増え、内容も多様化しており、その中には在宅勤務や働き方改革につながるものもたくさんあります。

たとえば、日常生活でもよく使われているLINE（ライン）のビジネス版LINE WORKS（ラインワークス）や、ラインのようなチャット機能を持つSlack（スラック）などのコミュニケーション系サービスが、離れた場所にいる社員間の連絡ツールとして広く普及しました。

また、顧客データや案件の管理ソフトなどを使うことで、自宅にいても、オフィスとほとんど変わらない状態で仕事ができると、実感した人は多かったでしょう。

ただし、新しい働き方はもちろん既存にない働き方ですから、新たな課題が見えてくることもあります。

実際にリモートで働いてみると、チャットだけでは「いまいち意思疎通が図れない」と感じる状況もあるものです。

「誰が、どんな業務を抱えているか把握したい」

「業務量や進捗状況を数値化したい」

そうした課題が見えたとき、それが新しい働き方を創出していく1つのきっかけになることもあります。

解決法を考えると、たとえば全員が閲覧できる〝デジタル版のホワイトボード〟のようなものを用意し、そこに各社員が、自分が抱えている業務を記入するようにすれば、誰が、どんな業務に携わっているのか把握しやすくなるかもしれません。

「課題解決が目的」
「ＩＴ化はそのための手段」

という点さえブレなければ、自由な発想によって、新しい働き方をさらに新しく、便利なものに変えていけます。

リソース配置の最適化が「『人にしかできない業務』を見つけ出すこと」であったように、自由に発想し、新しい働き方や新しい事業を生み出すアイデアを出すことは、まさに人の力を存分に発揮できる領域でしょう。

言い方を換えるなら、新しい働き方を考える際には、既存の働き方のルールにとらわれないことです。

「リモートワークの社員にも、タイムカードのような勤怠管理が必要だ」といった意見が出てくるのはよくあることなのですが、これは「社員が出社して仕事をする」という既存のルールから抜け出せていない典型例です。

ここを出発点にシステム作りを考えてしまうと、十中八九、リモートワーク中の社員が業務の開始・終了時に上長などに連絡し、その日の業務内容を報告するような窮屈な仕組みができ上がります。

社員は確実に、その手間を不便に感じ、不満を覚えるでしょう。

システムの話に限らず、不便なものや不満を残す仕組みは定着しません。

いずれ使われなくなり〝野良〟になります。

そうならないためには、やはり、

「何のために？」

という問いかけを、常に心がけることです。

「勤怠管理のシステムが必要だ」と考えるのであれば、まず深掘りすべきは「何のために勤怠管理するのか？」という点です。

経営側の視点に立てば、勤怠管理には、社員の勤務状況や抱えている業務を把握するという目的があります。２０１９年4月からは、労働安全衛生法でも労働時間の把握が義務づけられています。

それぞれの業務を把握することで、会社全体として仕事が順調に回っているかを確認する必要もあります。勤務状況と給料の整合性をとる、といった目的もあるはずです。

しかし、法律上守らなければいけないルール以外は、いわば〝既存ルール〟上にある考え方です。言い換えるなら、業務というものの本質を、「就業時間中にパソコンに向かっていること」と捉えています。

出社することなく在宅で仕事をするリモートワークとは、状況が合いません。

最低限の管理はしながらも、リモートワーク下での勤怠管理をするにはどうすればいいのか。

〝既存ルール〟にのっとって考えようとすると、うまくいかない。

そこに新しい働き方を創出するヒントがあります。

ようするに、

「何のために勤怠管理するのか？」

と、もう一度考え直す必要があります。

もし、

「社員が快適に働くことができ、同時に生産性も上げるために」

という視点に立って考えるのであれば、既存の就業ルールをリモート環境に当てはめることは、むしろ逆効果になるのではないか――。

当社ジョイゾーでは、リモートワークでの新しい勤怠管理のやり方として、平日の毎朝9時30分から10時くらいまで、全員が自由に参加できる「雑談ルーム」を、オンライン上に作りました。ここで、ざっくばらんに雑談などをする中で、社員の健康状況や仕事の悩みなどを知ることができるわけです。

会社の規模にもよるとは思いますが、とくに中小企業にとっては、この勤怠管理の仕方は、負担が少なくかつ有効な方法の1つだといえるのではないでしょうか。

「何のために?」を深掘りすることで、そうした結論が導き出せれば、取り組むべき内容も大きく変わるでしょう。

たとえば、リモート環境では、業務の開始・終了時間を管理するのではなく、業務量や成果によって評価する仕組みのほうがよいケースもあるはずです。

オンライン上の雑談ルーム「SpatialChat」

ツールにこだわらず、既存のルールにもこだわらず、

「何のために？」

を深掘りすることで、業務改善の本質に近づくことができるのです。

新たな働き方を生み出しやすくするためにも、「何のために？」の問いかけを、折に触れて繰り返すことが大切です。

ちなみに、課題の掘り下げ方の具体論については3章にまとめましたので、ぜひそちらを参考にしていただければと思います。

課題が見えれば手段も見える

日々の業務や社内環境を見渡してみると、解決したい課題はいくつも見つかるはずです。

会社の将来のことを考えると、

「こうしたい」

「あんなことができるようにしたい」

といった理想も、きっと思い浮かぶことでしょう。

それこそが、ＩＴ化の出発点です。

「人が足りない」「時間が足りない」「データが整理できていない」といった課題であれば、たいていの場合はＩＴ化で解決可能です。

なぜなら、**人の業務を代替し、業務にかかる時間を短縮し、データを蓄積していくことは、ここまで説明してきた通りＩＴの得意分野**だからです。

営業、製造、販売の各部門がそれぞれ独自の顧客リストを作っている場合、必要なデータを出すのに手間と時間がかかります。

社名の変更や担当者の交代といった情報が、営業のリストでは更新されているのに、その他のリストでは古いままになっているなど、リストによって情報が違うという問題も起きます。

しかし、これを1つのリストにまとめて管理すれば、社員全員が同じデータを共有でき、更新された情報を得ることができます。

「売上を伸ばしたい」「顧客を増やしたい」「社員がリモートワークできる環境を整備したい」といった理想もまた、その多くはＩＴ化で実現可能です。

売上や顧客のデータを蓄積するだけでなく、可視化して分析しやすくすることも、ＩＴが得意としている分野だからです。

たとえば、営業先のリストに、それぞれの受注見込みや受注の確度の高さを入力できるシステムを作れば、優先して営業したほうがよい顧客が絞り込めます。売上の見込みも立てやすくなりますし、データの分析によって新しいサービスや事業を創出できる可能性もあります。

いずれにしても、

「何のため？」

を考えることが出発点です。

次章では、「何のため？」を考える、ＩＴ化担当者の決め方と組織作りの方法について解説していきましょう。

1章　まとめ

★重要なのは、
「IT化は目的ではなく、手段である」

という認識を常に持つこと。

★**IT化によってできること**は、
大きく分類して以下の３つ。

①日々の業務のムダとムラを解消
・能力や忙しさのムラ
・専門業務、システム管理のムラ（属人化）
②リソースのさらなる有効活用
・継続性、安定性、安全性が高まる
・組織体制（オフィスや人事など）の最適化
③新たな事業や働き方を作り出す
・自由な発想により、「新しい働き方」を
さらに新しく便利なものに

★**「人の業務を代替」「業務にかかる時間を短縮」**
「データの蓄積、可視化、分析」は
ITの得意分野。

2章

ＩＴ化（業務改善）担当者に〝ふさわしい人〟とは？

～チーム作りの要になるのは〝ＩＴの知識〟ではない

専門業者に「丸投げ」してはいけない理由

「ＩＴのことはよくわからないので……」
「システムについて詳しくないので……」

そのような理由で、システム導入をＩＴの専門業者に丸投げする人がいます。
専門業者とは、我々のようにシステムを統合して構築するSIerなどです。

これは、やめましょう。
理由は２つあります。

１つ目の理由は、**業者が「これがいいはず」「これが便利だろう」と考えて作り上**

げるシステムが、会社の実務や社員のニーズに合致するとは限らないからです。

確かに、業者はシステムのことはよく知っています。

しかし、システム導入の依頼者であり、システムのユーザーとなる会社の業務については わかりません。会社の実務や抱えている課題を伝えず、すべてを丸投げしてしまえば、業者側は会社でどんな人が、どんなふうに仕事をしているのか把握し切れません。把握ができなければ、会社がどのような課題を抱え、その中のどの課題を優先的に解決したいのかもわかりません。

そのため、すべてを業者任せにしてしまうと、まったく実用的ではないシステムに仕上がってしまう可能性があります。

ニーズがわからなければ、機能を基準に考えるしかないからです。

その結果、高性能で目新しいソフトが選んで詰め込まれ、システム導入にかかる費用が必要以上に高くなることもあります。

２つ目の理由は、**業者に丸投げすると、会社にＩＴ化のノウハウが蓄積されなくなってしまう**ためです。

システムは、構築して終わりではありません。導入後に稼働して、運用させ、業務に役立てることが本来の目的であり、構築はあくまでスタートです。

また、システムの運用を開始したあとには、「この機能を充実させたい」「このシステムをバージョンアップしたい」というニーズが出てくるものです。

しかし、業者にシステム構築を丸投げすると、何が、どういう仕組みで動いているのかわからないため、こうしたシステム改善のための要望が出てきにくく、改善のための作業もできません。

課題が発生するたびに、五月雨式に業者に改善を依頼したり、業者からシステム保守の担当者を出してもらったりすることもできますが、いずれの方法もかなりの費用がかかります。

これを避ける手立てはないのでしょうか？

重要なのは、「IT化する」と決めたなら、会社のことをよく知っている会社の〝中の人〟を「IT化の担当者」——すなわち、「業務改善の担当者」にすることです。担当者が中心となって、IT化で解決可能な課題を見つけます。

どの部門の、どの業務に、どんな課題があるか見つけ出し、その中から会社として優先的に解決したい課題を絞り込んで、ＩＴ化の計画をまとめていきます。

計画がまとまったら、細かなシステム構築の作業は業者に依頼することになるでしょう。その際にも、**社内のＩＴ化担当者が窓口となることで、業者主導のシステム構築になるのを防ぐ**ことができます。

結果、実用性の高いシステムを導入できるのです。

では、どんな人をＩＴ化担当者に選べばよいのでしょうか。

本章では、担当者選びと組織作りについて考えてみましょう。

「なくてもいい」ＩＴの知識

ＩＴ化担当者として、ふさわしいのはどんな人でしょうか？

「ＩＴ化担当なのだから、ＩＴに詳しい人を選ぼう」となりがちなのですが、実はそれは誤解です。

担当者の素養として、ＩＴの知識は「あるに越したことはないけれど、なくてもいい」程度のものだと考えてください。

ＩＴ化の目的は、社内の課題を解決すること。いくらＩＴに詳しくても、社内の課題や、会社として目指す姿が見えていなければ、ＩＴ化は成功しません。

場合によっては、ＩＴに詳しい人ほど新しい技術に目を向けがちになり、実用性の低いシステムを導入してしまうこともあるのです。

システム構築に必要なプログラミングなどの実務は、最終的には業者に任せることができます。ですから、プログラミングの知識はなくとも、「どんな課題を解決するシステムを作ってほしいか」について、正確にわかりやすく伝えることができれば、ＩＴ化担当者としては十分に役割を果たせます。

つまり、**ＰＣに触ったことがない人でも、ＩＴと無縁の職場にいる人でも、ＩＴを苦手としている人でも、有能なＩＴ化担当者として活躍できる可能性は十分にあるの**です。

一方、**担当者として不可欠な要素**があります。過去の経験などを踏まえて、「これは欠かせない」と私が思う要素は次の３つです。

①顧客目線を持っている
②ＩＴ化に取り組む熱量がある
③失敗を過度に恐れない

では、１つずつ解説していきましょう。

IT化（業務改善）担当者に欠かせない要素①

顧客目線を持っている

社内システムは、基本的に、社内の業務改善のために導入します。ですから、IT化担当者は目の前の業務を見直し、課題を見つける必要があります。

ただし、システム導入によって社内の業務が変われば、その影響は社員だけでなく、お客様、取引先、パートナー会社にも及びます。

裏を返せば、**お客様、取引先、パートナー会社にとっての課題を見つけることが、結果として社内業務の改善につながる場合があります。**

たとえば、お客様から、

「注文したけれど、受けつけられたかどうかわからない」

「注文してから商品が届くまで時間がかかる」

といった不満の声があがったとします。

この声の背景を探っていくと、

「手作業で注文内容を処理しているため時間がかかる」

といった、社内業務が抱える問題が見えてくるかもしれません。

つまり、この問題をＩＴ化で解決できれば、社内においては受付業務の手間や時間が削減できますし、同時に、お客様が注文してから商品を受け取るまでの時間を短縮することもできるわけです。

問題が見えれば、具体案も見えてきます。

紙の注文書をオンラインに置き換える、手書きの注文書を自動で転記されるようにする、注文を受けたら営業担当者のスマートフォンに通知され、すぐにお客様に連絡できる仕組みを作る、といったシステムが考えられるでしょう。

顧客目線を持ち、お客様が何を求めているかがわかれば、それが既存の業務を変えるヒントになります。その過程で、ＩＴ化できる部分も探れるはずです。改善する業務の範囲も広がりますし、自分たちに便利なだけでなく、お客様にも喜んでもらえる改善ができます。

これは、逆方向にも活用することができます。

日報のデジタル化や、社員専用のコミュニケーションツールなどは、よく導入が検討される社内向けシステムですが、その結果として〝お客様にどんなメリットがあるか〟を考えてみることも大事なのです。

日報がデジタル化されることで、社員それぞれが感じたことや思いついたアイデアを共有しやすくなれば、それがサービス改善につながるかもしれません。

ビジネスチャットなどのコミュニケーションツールで連絡をとりやすくすれば、お客様から急ぎの電話があったことや、欠品の連絡、追加注文のオーダーなどを、すぐに担当者に伝えることができます。

ひいては、お客様のメリットにつながるというわけです。

お客様に喜んでいただければ、会社の評価も高くなり、業績も上がりやすくなることはいうまでもありません。

また、顧客目線を持つことが、商品やサービスの〝売り方〟を見直すことにつながり、その結果として業績を伸ばすことにもつながっていく場合があります。

たとえば、新商品をどう宣伝するか考えるとき、従来であればチラシを刷って告知するというやり方が定番だったとしましょう。確かに、チラシを目にする機会があれば、商品に興味を持ち、購買意欲が高まるかもしれません。

しかし、それはあくまで企業側の視点です。

お客様の立場に立ってみると、

「偶然チラシを目にする機会なんて、それほどないなぁ」

というのが本音ではないでしょうか。

自分自身が消費者として、どのように商品の情報を得ているのか振り返ってみたら、どうでしょう？　どんな広告を見て、新商品の発売を把握していますか？

「SNSで話題の商品を知ることが多い」

「YouTubeで広告を見た商品を買うことが多い」

などと、気づくかもしれません。それは、売り方の改善へとつながるはずです。

会社目線のみにとらわれていると、「チラシで告知する」という発想から抜けられません。

「ウェブチラシを作ろう」「チラシをダウンロードできるようにしよう」といった案は浮かぶでしょうが、それ以上に視野は広がらないでしょう。

「この業務をＩＴ化すると、お客様にどんな変化が起きるだろうか」

そのような視点で業務改善を考えていくことで、会社とお客様にとって望ましい改善策が絞り込みやすくなります。会社として優先的にＩＴ化すべき業務も、自然と見えてくるでしょう。

「自分たちのため」という意識を強く持つ

さて、ＩＴ化担当者の必須要素として挙げた〝顧客目線〟ですが、実はこれまで説明したのとは別に、もう１つの意味合いを持っています。

社内向けシステムを考えるにあたっての〝顧客目線〟とは、〝当事者意識〟とも言い換えられるのです。

なぜなら、社内向けシステムのユーザーは社員であり、その中には担当者自身も含まれます。ＩＴ化の恩恵を受けるという点では、社員も担当者も顧客と同じ立場というわけです。

「自分たちの課題は何だろう」

「自分たちはどうすれば、課題を解決し、快適に働くことができるだろう」

というように、「自分たちのため」という当事者意識を持っている人ほど、最善の解決策にたどり着ける可能性が高く、ＩＴ化で成功する可能性も高くなります。

自分たちのために、どれだけ真剣になれるか。
自社の抱える課題に、どれだけ真剣に向き合えるか。

真剣になれる人ほど、ＩＴ化にも本気で取り組んでいけるのです。

実際、**私が過去に携わったシステム導入の事例を振り返ってみても、担当者の方が「自分たちのため」という意識を強く持っていると感じられる会社ほど、スムーズにうまくいきました。**

ＩＴ化によって恩恵を受けるのは、社員であり、会社です。どのようなシステムを導入するかによって、会社の未来が変わります。

いうなればＩＴ化とは、採用試験のようなもの。

人を採用するときは、その人がどれだけ会社に貢献してくれるのか、重要な存在になる可能性をどのくらい秘めているか、真剣に考え悩むはずです。

ＩＴ化によって導入されるシステムもまた、会社に貢献してくれる重要な存在となるべきであり、それを実現するために、真剣に向き合っていくことが大切なのです。

こうした当事者意識を持てるかどうかも、ＩＴ化担当者に必要な要素であり、ＩＴ化を成功させるための重要な条件といえます。

ＩＴ化（業務改善）担当者に欠かせない要素②

ＩＴ化に取り組む熱量がある

ＩＴ化の担当者に必要不可欠な２つ目の要素は、**ＩＴ化に取り組む熱量があること**です。**熱量というのはようするに、「会社をよくしよう」「業務をよくしたい」といった思いの強さ**のことです。

なぜ、熱量が必要なのか。

それは、**ＩＴ化を成功させていく過程には、熱量がないと乗り越えられない、いくつかの壁がある**からです。

ＩＴ化の取り組みでは、「何のために？」を明確にするために、会社が現在抱える課題を深掘りする必要があります。そのためには各現場に足を運び、それぞれの業務フローを理解し、何が、どのような課題となっているかについて、明らかにしなければなりません。

文章にすると、たいしたことではないように思えるかもしれませんが、実際に行うとなると、時間も手間もかかり、かなりの根気がいります。

「自分の仕事に関わる大事なことだ」

「自分の会社にとって重要なことだ」

という認識を強く持っていなければ、できることではありません。

また、ＩＴ化によって、従来の業務プロセスが変わる可能性もあります。

つまり、既存のやり方を「変えられたくない」と思っている人たちを、説得しなければならない場面も出てくるはずです。

仲間であり、かつ反対意見を持つ人たちを説得するのは、並大抵のことではなく、やはり熱量なくしてできることではないのです。

既存のやり方にこだわる人は、いわばＩＴ化の抵抗勢力です。一方で、共に会社を支える仲間でもあります。彼らを説得できなければＩＴ化は進みません。

そして説得するためには、ＩＴ化によって業務がどれだけよくなり、それが会社と社員にどれほどのメリットをもたらすのか、根気強く伝え続ける必要があります。

熱意のない人や、ＩＴ化を仕事の片手間にこなせばいいと考えてしまう人には、難しいでしょう。**熱意のない人の言葉に、人を動かす力はない**からです。

さらにいえば、ＩＴ技術は常に進化します。システム導入後も、進化に取り残されないように、会社のＩＴ環境を定期的に見直し、改善していく必要があります。

つまり、**ＩＴ化担当者には、システム導入時は〝スピード感を持ってシステムの選別や導入を行う短距離型の力が求められる〟一方で、導入後は〝長期的にシステムをメンテナンスしていく長距離型のスタミナ〟が求められる**ということです。

背中合わせにも思える2タイプの力を発揮できるのは、どういう人か。

それが、「会社をよくしよう」という強い気持ち――〝熱量〟を持った人なのです。

結果を左右する〝社長の熱量〟

ただ、ＩＴ化担当者だけが熱量を持って臨んでも、不十分でしょう。会社のトップにいる人がＩＴ化に熱心であることも、また大事です。

とくに、ほとんどの決定権・決裁権を社長自身が持っている中小企業では、**社長の熱量によってIT化の結果が左右される**といっても過言ではありません。

もし、

「流行りだから」

「他社も取り組んでいるから」

という理由に押されて、乗り気ではないままにＩＴ化を進めてしまうと、たいていのケースでうまくいきません。

つい、業者任せにしてしまい、丸投げすることで、使いづらいシステムを高い費用で導入してしまう……先にも述べた失敗例は、こうして生まれるのです。

また、社長に熱量がない場合、ＩＴ化に十分なリソースが用意されない傾向があります。第一に、最小限の予算で済まそうとするでしょう。さらに、人材も出し渋ります。熱量や能力という面を重視するのではなく、「社内全体のことだから」という理由で、総務部の人に兼務させようとするケースが多いようです。

もちろん、その人が熱量も能力も申し分ない方であれば、うまくいくはずです。

しかし、実際にシステムが導入される予定の業務に精通していなかったり、お客様も含めた業務まわりの動向について詳しくなかったりした場合、ＩＴ化は進みづらくなり、業務がいっこうに効率化されない結果になる可能性もあるでしょう。

ＩＴ化担当者を選ぶ視点そのものが間違っているのですから、当然です。

チームは〝少数精鋭〟で

重視すべきは、ＩＴ化の実務と責任を、たった１人に背負い込ませないことです。

実際に総務のある１人が突然ＩＴ化担当者に任命され、孤軍奮闘することになるケースは多いのですが、その状態でＩＴ化を進めていくのは、あまりにも負担が大きすぎて非現実的です。

会社にどれだけのリソースがあるかにもよりますが、担当者１人でＩＴ化に取り組むより、専門チームを組織して取り組んだほうが、スピーディに推進できますし、成功しやすくなります。

その責任とＩＴ化に向けた課題抽出の実務などを分散するために、ＩＴ化のチームには3～5人くらいを配置するのが望ましいでしょう。

また、**IT化チームを作る場合、製造や販売など、実業務に携わっている人をチームメンバーに選ぶのが理想的**です。

彼らは、それぞれの業務の中にある課題を掘り起こす役目を担います。


チームメンバーたちは、それぞれ把握している業務が持つ課題を持ち寄って、どんな課題があるか、どのように解決できるかをチーム内で議論します。業務の課題を横断的に見ながらIT化に取り組んでいく体制を作るのです。

ただし、**チームの人数は増やしすぎない**こと。

なぜなら、人数が増えるほど、意見がまとまりづらくなるからです。

どこからIT化に取りかかるか、優先順位をつけるのさえ難しくなります。

また、人間の性といいますか、人数が増えると派閥のようなグループができてしまうのは避けられません。不要な忖度(そんたく)が生まれることもあります。

ですから、**チームメンバーは少数精鋭にするのが最善**です。

ちなみに、**チームメンバーの人選においても、ITのリテラシーやスキルにこだわ**

る必要はありません。

ＩＴの知見よりも、業務改善への熱量を優先して選ぶことが大事です。

また、**真の目的が業務改善であることを認識しやすくするために、ＩＴ化の専門チームと銘打つのではなく、業務改善の専門チームとしてＩＴ化に取り組んでもらうの**もいい方法です。

先延ばしは経営リスクになる

熱量も能力も持ち合わせた社員は、ＩＴ化より、営業などの業務に回したい。

私も経営者の１人ですから、その気持ちがわからなくもありません。

営業活動やコスト削減の活動と比べれば、ＩＴ化は即金性がなく、目に見える利益として返ってくるまでに時間がかかります。

また、社内コミュニケーションの改善やリモート環境の整備のためのＩＴ化は、その効果をお金で測るのが難しい上、結果的には収益につながらない場合もあります。

収益をいかに上げるかという経営的視点に立てば、目先の売上が優先され、その効果が不透明なＩＴ化の優先順位が低くなるのも、当然といえば当然でしょう。

しかし、**世の中全体でＩＴ化が進められていることを踏まえれば、ＩＴ化を後回しにするのは、会社の競争力を低下させることになる**はずです。

ＩＴ化は結果が出るのに時間がかかるからこそ、今始めておく必要があります。

社内コミュニケーションや、働き方改革のためのＩＴ化は、直接的には利益を生まなくとも、働く環境がよくなることでいい人材が集まってくるでしょうし、それが結果として将来的な利益を生む可能性は高いでしょう。

これからの時代、ＩＴ化を先延ばしするのは、経営リスクを抱えることにつながるともいえるのです。

ある程度のまとまった予算と優秀な人材を、思い切ってＩＴ化に配置することが、中長期的に見れば会社の成長につながります。

こうした従来にない視点に立って、英断できるかどうか。

それは、社長の熱意にかかっています。

ＩＴ化（業務改善）担当者に欠かせない要素③

失敗を過度に恐れない

好奇心があり、挑戦意欲があり、失敗してもめげずに再挑戦できるタイプの人が社内にいれば、その人はＩＴ化担当者にうってつけです。

失敗を過度に恐れないこともまた、ＩＴ化担当者に欠かせない条件です。

ＩＴ化には、「こうすれば確実によくなる」という絶対的な正解はありません。

これは、新型コロナウイルスの影響によって、昨今のＩＴ化が進んだ事実を考えると、よくわかると思います。

感染の拡大を抑えるために、各企業はお客様、取引先、パートナー会社、そして社員同士の接触すら制限される事態になりました。そうした状況においても経営を続けるべく試行錯誤した企業の多くが、急速にＩＴ化に取り組み始めたのです。

会議や打ち合わせはリモートに切り替えられ、書類の受け渡しや上司のハンコをもらう手続きはオンライン化しました。集客や接客はリアルの店舗からバーチャルへと移行し、会場に人を集めるセミナーはオンラインセミナー（ウェビナー）へと形を変えたのです。

結果的に、いずれも効果的な施策となりましたが、最初から「こうすれば必ず成功する」という正解が見えていたわけではありません。

従来の業務が制限された状況の中で、いろいろな人がさまざまな取り組みに挑戦した結果、コロナ禍で有効な方法として磨きがかかり、普及していったのです。

「正解がわからない」

「失敗するかもしれない」

という理由で挑戦を先送りにしていたら、おそらく事業は停滞し、売上も止まったでしょう。

未知の壁を乗り越えるには、正解がないことを大前提として、

「やれることをやってみよう」

と、前に踏み出すことが大事なのです。

ＩＴ化も同じです。

「受注業務を効率化する」という目的があるとき、とり得る方法は1つではありません。受注をすべてオンラインに一本化する方法もあれば、メール、電話、ファックスなどの方法で分類した上で、それぞれの受注を個別に効率化する方法もあります。

どちらの方法がいいかは、会社の業務内容や、お客様のネット環境などによっても違いますし、また時間とともに変化することもありますから、一概にはいえないものです。

十分に検討する必要はありますが、だからといって「どちらの方法を選ぶか」について延々と議論するばかりでは、時間がムダに過ぎてしまいます。重要なのは、その次の一歩を踏み出すことです。

この膠着状態を抜け出すために必要なのは、

「まずやってみよう」

という思い切りと、

「ダメなら次の方法を考えれば良い」

という割り切りであり、それができるのが「失敗を恐れない人」なのです。

仮説の状態でスタートしていい

もちろん、実際にやってみる前には、

「きっとこうなるはず」

「こんな結果が得られるだろう」

といった仮説を持つ必要があります。

仮説があるなら、やってみます。

仮説がうまくいく確率が60～80％見込めるのであれば開発に着手し、システムを作りながら「これはいらない」「この部分はもっと強化したい」などの改善点を見つけ、その都度修正していく開発方法を、**アジャイル型（P168）**と呼びます。

実感を踏まえて修正するため、完成度が高くなり、完成までにかかる時間も短縮できるので、とくにコロナ禍において有効な開発方法でした。

正解がわからないまま、とりあえずやってみるしかなかった状況に、最適なシステムを探しながら作っていく方法がマッチしたのでしょう。

従来は、システムの要件をすべて定義してから開発に入るのが通常でした。この方法を**ウォーターフォール型**（P168）と呼びます。あらかじめ決めた要件通りのシステムができ上がるというメリットがあります。

しかし、要件そのものに過不足があった場合、過剰な部分はムダになりますし、不足部分を再度付け足すとなると、その分の手間と時間とお金が別途かかります。

これは、紙のチラシとウェブ広告の違いに似ています。

紙のチラシは、文言や写真をすべて決めて印刷します。印刷後に変更点や修正点が出てきても、すでに刷った分はどうしようもありません。

ウェブ広告も文言や写真を決めはしますが、ウェブサイトなどに掲載してからも修正は可能です。反応が悪ければすぐに引っ込められますし、逆によさそうであれば、どこが消費者に受けているのか探りながら、変更と修正を加えつつ、さらによい状態へと改善していくことができます。

仮説の状態でもやってみる。こうした思い切りのよさが、ＩＴ化には欠かせません。

もちろん、仮説通りの結果が出るとは限らないでしょう。しかし、うまくいかなかったとしても、

「このシステムはいまいちだった」

とわかるだけで１つの成果です。うまくいかなかった理由を考えて、改善に活かす。その繰り返しが、最終的によりよいものを生み出していくはずです。

「やってみなければわからない」のはＩＴ化も同じ

失敗を恐れず挑戦できる人を選ぶということは、経営側の視点から見ると、

「失敗を許容する」

と言い換えられるでしょう。

失敗のリスクを受け入れるには勇気と覚悟が必要ですが、それも突き詰めれば、社長の熱意がどれだけあるかによるのだと思います。

もちろん、失敗を歓迎するわけではありません。

大事なのは、

「失敗する可能性をゼロにはできない」

という認識を持つこと。その上で、

「失敗したら、次を考えればいい」

というマインドを持つことです。

失敗を恐れて挑戦を避けるより、挑戦して失敗するほうが高く評価される企業文化があれば、IT化担当者も挑戦しやすくなります。

そもそも「ああでもない、こうでもない」といった議論に終始してしまうのは、

「失敗したくない」

「失敗してはいけない」

というプレッシャーにさらされているからです。

担当者にのしかかったその重荷を取り除くためには、社長が失敗リスクを受け入れ、

「失敗を恐れず挑戦しよう」と伝えることが不可欠でしょう。

とくに昨今は、先にも紹介したSaaS型サービス（Ｐ31）が増えました。無料のお

試し期間を活用できる場合もありますし、サービスそのものも安価なプランが用意されています。月額契約のサービスであれば、うまくいかないとわかったときすぐ解約できますし、その際の損失も数万円程度で収まるでしょう。

手段を上手に選べば、失敗したとしても経営基盤がぐらつくような、大きなダメージを受けることはまずありません。

むしろ**中長期的に見れば、数万円の損失が出ることより、数万円の損失を恐れて挑戦から逃げてしまうことのほうが、経営に与えるダメージは大きい**のです。

また、「社長の失敗を許容する姿勢」が社内に浸透すれば、挑戦する社員は増えていくでしょう。**その挑戦が百発百中するのは難しくとも、挑戦の数が増えるほど、成功例も増える**はずです。

ＩＴ化の取り組みにも、同じことがいえます。

失敗を恐れず挑戦するだけ、成功の数も増えていきます。もちろん、無謀すぎる取り組みはよくありませんが、たとえば集客方法として、YouTubeやInstagramを使ってみるといった挑戦ならどうでしょうか。

すでに世の中には、YouTube動画が集客や宣伝につながった事例がたくさんあります。集客数を増やしたい、宣伝効果を高めたいという目的に対して、「YouTube動画が手段となる」という仮説は十分に成り立つでしょう。

この場合、「失敗してもいい」という社長の姿勢を広める意味でも、社員に指示して動画制作にあたらせるより、社長自身が主体的に動画制作に取り組んだり、実際に動画に出てパフォーマンスをしたりするほうが効果的です。

反応がいまいちであれば改善すればいいですし、まったく効果がないようならやめればいいのです。もし効果があったなら、社内でノウハウを共有し、社員も引き込んで動画を増やしていけばいいでしょう。

いずれにしても、やってみなければわからないことは、たくさんあります。

「それなら、まずはやってみよう」

という意識を高めていくために、失敗を許容する姿勢を社長自らの行動で示していくことも、ＩＴ化を円滑に進める上ではとても大事なのです。

ＩＴ化による業務改善は〝社員全員〟の仕事

「ＩＴ化で業務改善していこう」

「業務改善が大事」

という意識が広がると、社内には当事者意識を持って改善に取り組もうとする社員が増えていきます。

実際に、風土作りに成功したとある会社のお話を紹介しましょう。

A社は、介護用品の製造と販売を事業とする、社員30人くらいの会社です。注文をとってくる営業部門と、商品を作る製造部門のコミュニケーションに課題がありました。

声の大きい営業担当者が「急ぎでお願い」と強めに頼むと、製造もついついその頼みを聞いてしまいます。

結果、声の大きい営業担当者のお客様は、短納期で商品を受け取ることができるから喜びます。

しかし、先に注文をとっていたのに、周りに気を使って順番を譲った営業担当者は、お客様への納期が遅れたり、納品スケジュールを頻繁に変更することになったりして、クレームの原因となることがありました。

「こうした状況を何とか改善したい」――そんな声が社内から上がりました。

そして社長、ＩＴ化担当者が中心となり、さまざまなアイデアを検討した結果、

「キントーンで業務管理できるようにしたい」

という判断になり、我々が依頼を受けることになったのです。

さっそく、会社に赴いて課題を伺うと、

「納品スケジュールを管理できるようにしたい」

「急なお願いによる、製造部門の負荷を減らしたい」

といった課題とともに、

「業務のやり方を変えて、お客様の不便や営業担当者間の不平等を解消したい」

という声が出ました。

これはまさに、前述した顧客目線に通じるものです。

目先の目的として、納品スケジュールを変更する手間などを減らすことも大事ですが、同時にお客様の利益を優先し、社内の人の立場も考えている。

その視点を持てることが、ＩＴ化担当者として非常に素晴らしいと感じました。

それからいくどかのチームとの相談を経て、現在、業務管理システムを構築しています。

これが完成すれば、納期、顧客の重要度、製造部門が抱えている仕事の状況などを、社員が共有できるようになり、無理な注文が飛び込んできたり、納期遅れでお客様に迷惑がかかったりするようなこともなくなるでしょう。

やはり、ＩＴ化が成功に導かれるのは、ＩＴ化担当者に不可欠な３つの要素——

「顧客目線を持っている」「ＩＴ化に取り組む熱量がある」「失敗を過度に恐れない」

を持っていることが大きいでしょう。

また、A社の成功は、IT化チームに、外部に相談し、予算を使う権限を与えることで、積極的にIT化（業務改善）に取り組める風土を作った、社長の役どころも大きかったと思います。


そして、A社に伺って、もう1つ「素晴らしい！」と感嘆したことがありました。「こうした状況を何とか改善したい」と最初に声を上げたのは、何と全員がパート社員だったのです。

時給制で働いているパート社員の方たちは、業務改善に貢献したところで、収入が増えるわけではない立場です。

それでも、当事者意識を持って「何とかして現状をよくしよう」とまず声を上げ、熱心に課題に取り組んでいる様子を見て、A社にはIT化チームはもちろん、正社員やパートさんなど問わず、そこで働く人全員が熱量を持って活動できる風土があるのだと感じました。A社のように、IT化チームが活動しやすい状況が整っていると、システム導入はスピーディに進み、実用的なものが仕上がります。

こうした事例を振り返ると、あらためて、

「ＩＴ化は誰がやるのか」

の答えが見えてきます。


ＩＴ化による業務改善は、社長の仕事であり、担当者の仕事でもあり、そして究極的には社員全員参加でやることだといえるでしょう。

2章 まとめ

★システム導入を業者に丸投げしない
会社の“中の人”を「IT化の担当者」にする。

★**IT化担当者に欠かせない要素**は以下の３つ。
①顧客目線を持っている
・お客様、取引先、パートナー会社の課題が社内業務の改善になるケースも
・商品やサービスの“売り方”の見直しになる
・“顧客目線”は“当事者意識”につながる
②IT化に取り組む熱量がある
・熱量がないと“いくつかの壁”が乗り越えられず、人は動かせない
・IT化の先延ばしは、経営リスクになる
③失敗を過度に恐れない
・一番怖いのは、議論や検討ばかりで、話が先に進まない＝「IT化が遅れる」こと

★IT化の業務改善は、**「社長の仕事」「担当者の仕事」**、ひいては**「社員の仕事」**である。

3章

IT化に取り組むには〝何をすれば〟いい?

~業務改善に向けた基本的な流れを押さえよう

シンプルな"IT化担当者がやるべきこと"

さて、ＩＴ化に必要なもの、必要な人材についての解説が終わったところで、本章では、実際に業務改善に向けたＩＴ化を行う際の流れを解説していきたいと思います。

IT化とは具体的にどうやるのか、という話です。

システム構築はさまざまな手順を踏みますが、社内のＩＴ化担当者やＩＴ化チームがやることはシンプルです。

①業務の流れを分解する
②IT化で解決する課題を見つける

この２点をきちんと押さえれば、不要なシステムを導入したり、余計な費用がかかったりすることは、ほとんどありません。

これに加えて、経営側にはもう1つやることがあります。

③ＩＴ化の予算を確保する

すでに触れた通り、クラウドの利用環境やSaaS型のサービスが増えたことで、システム構築は安価でスタートできるようになりました。

そうはいっても0円ではできません。

スタート時のシステム構築には、ある程度のお金が必要です。システム導入後も運用中は、システムを更新したり入れ替えたりする必要があり、その分の予算も確保する必要があります。

ＩＴ化のための予算として別途用意するか、もしくは現在の予算の使い道を見直すことで、ＩＴ化に充てる費用を捻出するという方法もあるでしょう。

1章では、リモートワークの導入や、実店舗をネットショップに置き換えるなどして、家賃として支払っていたお金が減らせるかもしれない――というお話をしました。

こうして浮いた資金でＩＴ化の予算を組めば、会社全体で使うお金の総額は変わりませんから、予算確保の問題は、比較的簡単に、かつ現実的な方法で解決できるでしょう。

今の時代、**ＩＴ化するための予算は、会社が生き残るために必要な投資**です。

ここで**覚悟を持って予算を確保しなければ、ますます時代の波に乗り遅れ、淘汰されてしまいます**。

そうならないためのポイントについても、本章の最後でご説明します。

それでは、「ＩＴ化のステップ」３つについて解説していきましょう。

IT化のステップ①

業務の流れを分解する

IT化を実現するには、何をすればいいのか?

まずは、業務の流れ(業務フロー)を分解しましょう。

業務の非効率な部分や、改善したほうがよい部分など、課題の〝タネ〟はいくつも見つかるだろうと思います。ただ、断片的なタネだけでは、全体像はなかなか見えてこないものです。細切れになった小さな課題に焦点を当ててしまうと、業務全体から見たらあまり効果のない部分を、IT化してしまう可能性があります。

そうならないために、**現状の業務がどうなっているのかを把握することから始めます。**

販売部門なら、誰が、どこから、何を仕入れ、どんなふうに在庫管理し、どんな流れで出荷しているのかを整理します。

営業部門なら、誰が、どんなお客様から、どんな注文を受け、その注文が社内でどのように処理され、売上につながっているのか整理します。

これが、業務フローの分解です。

業務を分解する際には、2つの点に注意が必要です。

1つ目は、細かく分解すること。

ためしに、卸売業のような商品を受注して発送する営業担当の業務を、分解してみると、図版1のようになります。

しかし、実際に業務を行う営業担当者は、①の「問い合わせを受ける」から④の「受注書を書く」までを「1つの業務」と認識しているかもしれません。

細かく分解できる業務をまとめて認識してしまうと、問題点、改善点を発見しにくくなります。分解した業務ごとにあるはずの問い合わせを自動化したり、見積から受注までのデータを一元化したりといったIT化の選択肢が、見えにくくなってしまうのです。

【図版1】業務は細かく分解する

〈例：卸売業の営業担当のケース〉

①「お客様から問い合わせを受ける」

⬇

②「見積書を作成する」

⬇

③「注文書を受け取る」

⬇

④「受注書を書く」

⬇

⑤「在庫を調べる」

⬇

⑥「商品を発送する」

⬇

⑦「請求書を送る」

※業務を分解すると上記のようになるが、
営業担当者は①～④までのステップを
「1つの業務」と認識している可能性もある。

2つ目は、業務と人とを切り離した上で、業務を分解すること。

1つの業務が、ある特定の担当者1人に任されている場合などに、この注意が重要になります。

たとえば、会社の経理全般を、Aさんという人物が一手に引き受けていたとします。おそらく他の社員たちは、「経理の細かいことを一番理解しているAさんに、すべて任せよう」とあたりまえのように思っていることでしょう。

しかし、Aさんの実際の業務を細かく見ていくと、その中には必ずしもAさんでなくてもこなせる業務があるものです。決算書の作成や源泉所得税の計算などは難しくても、取引先への入金といった実務には専門性は関係ありません。

IT化できるかという観点から考えれば、日々の出入金の確認や、月々の給与計算といった繰り返し業務は、自動化できるでしょう。

また、経費の精算のようにフォーマットが決まっている業務などは、ワークフローシステムを導入することで、精算する本人が経費精算に必要な内容を入力しているか、内容に沿った承認経路で承認されているかといった、確認作業を軽減させることができます。

「これは、Aさんの業務だから」

「経理はAさんの領域だから」

と、**その分野を聖域化してしまうと、改善すべき点に気づけなくなってしまうでしょう。**

ＩＴ化の目的の１つは、業務の属人化を解消することでした。

業務の流れを分解する際も、〝人〟と〝業務〟を切り離して、業務の一つひとつを見ていくことが大事なのです。

現場の業務内容を丁寧にヒアリングする

では、どうやって業務を細かく分解していけばいいのでしょうか。

何はともあれ、各部署の業務内容を、各部署の人に聞くのが一番でしょう。

たとえ同じ会社であっても、別部署の業務内容を完全に理解することは難しく、当事者でなければわからない、細かくて重要な業務が存在していることも多いからです。

ＩＴ化担当者は、現場と密にコミュニケーションをとることが大切です。

「業務改善のために協力してほしい」
「一緒に課題を見つけて、快適に働ける会社に変えていこう」

と伝えてください。

ここで「ＩＴ化されたら、自分の仕事がなくなってしまうのでは？」という不安から、いわゆる抵抗勢力ができる可能性もあります。

それにめげることなく、ＩＴ化によるメリットを伝え続ける熱意と覚悟を持つことが、ＩＴ化担当者はもちろん、経営者にも必要です。

そのように熱意を持って働きかければ、きっと現場も協力してくれます。

営業や経理などの業務はとくに属人化しやすい傾向がありますが、業務の分解と整理が、業務を担当している人にとってプラスになることをきちんと説明すれば、細かな流れや課題などを話してくれるでしょう。

業務内容を聞き出したら、次は、

【図版2】IT化のステップ①

〈業務の流れ（業務フロー）を分解する〉

★課題抽出の対象は業務ごと
それぞれの部署で**「現状の業務がどうなっているか」を把握。**
以下の２点に注意。
①細かく分解する
②業務と人とを切り離した上で分解する

★各部署から業務内容を聞き出したら、
- **誰が**
- **どんな業務を**
- **どんな順番で**
- **どんなふうに手がけているか**

を細かく記録する。

※業務の詳細がわかるほど、
- 課題も見えやすく
- よりよい改善策も浮かびやすくなる！

「どんな業務を」

「どんな順番で」

「どんなふうに手がけているか」

を細かく記録します。

業務の詳細がわかるほど、課題も見えやすくなり、よりよい改善策も浮かびやすくなります。

ちなみに、我々業者が業務フローの整理をお手伝いする場合にも、個々の現場で丁寧に、業務内容についてヒアリングを行います。

IT化のステップ②

ＩＴ化で解決できる課題を見つける

業務を分解したら、次に、ＩＴ化で解決できる課題を見つけます。

課題もまた、業務を分解するときと同様に、現場で働く人たちから意見を集めるのが得策です。

現場には、現場にしかわからない課題があります。コミュニケーションを通して、そうした課題を上手に聞き出すことが、ＩＴ化担当者の役割といえます。

もっとも、

「何か問題はありませんか？」

という漠然とした質問ではなく、

「日々の業務で、『時間がかかりすぎている』と感じるのはどこですか」

「手間やコストが、必要以上にかけられている作業は何ですか」

と、具体的な業務についての意見が出てきやすいような質問を心がけましょう。

「これが大変」

「この作業をなくしたい」

といった声が出てきたら、それを細かく記録していきます。

「こんなことがしたい」

「こんなふうに変えたい」

といった要望も、なるべくすべて聞き出します。


これまで各社のＩＴ化をお手伝いしてきた経験からいえるのは、とくに営業部門が課題や要望を多く持っているようです。

課題や要望が多いということは、それだけ改善の余地があるということ。ＩＴ化による改善効果を高めるためにも、しっかりと意見を聞き出すことが大事です。


「売上状況を可視化したい」

「在庫数を確認できるようにしたい」

「顧客データをすぐに見られるようにしたい」

といった要望を持っている会社はたくさんあります。

場合によっては、

「注文を受けたら、自動で倉庫から商品が発送されるようにしたい」

といった、難易度の高い要望が出てくることもあるのです。

担当者目線から見て、

「実現できそうもない」

「コストがかかりすぎる」

と感じる要望であっても、この段階ではねのけたりせず、とりあえずすべて受け入れましょう。

現場の声は、現場の現状把握と、現場にいる人が考える理想像を知るために欠かせないものであり、「実現可能か？」**という視点は、この段階では重要ではない**からです。

現場の声を、部署ごとに横断的に聞いていくことで、会社にとって理想的な業務フローの全体像も見えやすくなります。

現場からの要望をIT化によって100％叶えることは難しくとも、部分的な改善なら行えるかもしれません。理想像さえ正確につかんでおけば、現場が考える手段とは別の形になったとしても、要望を叶えられる可能性もあります。

ＩＴ化の目的を見失わないためにも、現場からの理想や希望の声はできるだけたくさん聞き入れておくことが大事なのです。

「現場の人が見つけた問題点だけ」が唯一ではない

現場の声から課題を引き出す一方で、ＩＴ化担当者自身の目で、客観的に現場を観察し、課題を探すことも大切です。

現場を見ると、「ここが改善できそうだ」「この業務は必要だろうか」などと感じることがあると思います。

しかし、現場の人が「手間だ」「面倒だ」と感じていなければ、その業務は課題として上がってきません。**客観的に見れば改善が必要と感じられる業務でも、現場の人が「こういうもの」「これがあたりまえ」と認識していれば、その課題を取りこぼしてしまうかもしれない**のです。

ですから、現場を客観的に見られる視点が必要であり、ＩＴ化担当者がその役割を担うことになります。

ある店舗で、手書きとデジタル、2つのタイプの顧客台帳が存在していたことがありました。2つの台帳に書いてある情報は同じです。

新規の問い合わせを受けると、受けつけた人はまず手書きの台帳に顧客情報を記入します。次に、まったく同じ内容を、パソコン上のデジタル台帳に入力するのです。

なぜ、そんな面倒な仕組みが放置されていたのでしょうか。

実は**現場の人たちは、その二度手間としか思えない業務を「面倒だ」とは思っていませんでした。**

手書き台帳は、デジタル台帳を導入する前から使用されていたので、社員は手書きでの記入に慣れています。

一方、それぞれのパソコンスキルにバラつきがあったため、顧客情報を調べるとき、パソコンを使い慣れている人はデジタル台帳を使い、慣れていない人は手書き台帳を使うといった具合に、各自が自分の判断で使い勝手のいい台帳を使っていました。

そういう使い分けにも慣れていたため、同じ情報を2つの台帳に記録する手間を非効率とは感じず、「そういうもの」と認識していたのです。

別の会社では、顧客からの苦情の内容を、紙に書いて管理していました。苦情の電話を受けた人が〝クレームカード〟という専用の用紙に内容を書き込み、それを担当部署の人に手渡して対応してもらっていたのです。

これはまさに、ＩＴ化で改善したほうがよい業務の一例です。紙に残された情報は、そのままでは分析できず、その後に活用できません。

苦情の内容をパソコンに入力して管理するようにすれば、その情報を利用して、何が原因でクレームが発生しているか分析することができます。原因を特定して対策をすれば、お客様の満足度も上がるでしょう。

これも、外から客観的に見てみれば気づくことですが、実際に苦情の電話を受ける人や、クレーム対応する社員は、〝クレームカード〟の存在をあたりまえだと思っていますから、現場から課題として持ち上がってはきません。そもそも、紙に書いて担当者に渡す作業はさほど負担になりません。ですから余計に、課題意識は生まれないのです。

現場には、課題が埋もれています。現場の人が「これが問題である」と認識している課題だけが、唯一ではありません。

ですから、ＩＴ化担当者が客観的な視点で現場の業務を見直し、課題を掘り起こしていく必要があります。

せっかくのツールを〝野良〟にしないために

現場でのヒアリングを終えたら、それで終わりではありません。

まだ不十分です。**最後に、経営層にも課題を出してもらいましょう。**

なぜなら、現場が課題と感じていることと、経営層が課題と感じていることが、異なっている場合があるからです。

現場には、現場の業務を円滑に回すという命題があります。だから、人手不足や非効率な業務を解消してほしいと考えるのは当然です。

この課題をＩＴ化で解決するために、キントーンを導入したとします。

経理なら経費精算にワークフロー、営業なら顧客管理や販売管理、ヘルプデスクなら問い合わせ・クレーム履歴管理といったところに活用できます。

一方、経営層は、利益や資金の出入りを正しく管理したいと考えます。生産量や売上の数値化、精度の高い業績予測を実現したいのです。この課題を解決するためには、キントーンに溜まったデータを活用した需要予測などが有効な手段です。

このように、**経営を担う側と、実際に事業を動かす営業、販売、事務などの部門では、ＩＴ化に求める目的もメリットも異なる**のです。

もちろん、経営領域の課題も、事業領域の課題も、会社にとってはどちらも重要であることは間違いありません。どちらも解決できるのが理想ですが、実際には予算の都合もあり、優先順位をつける必要が出てきます。

ただ、比較検討するにしても、そのための材料がなければ始まりません。ですから、現場と経営の両方から課題を引き出してくる必要があるのです。

そうして、**すべての課題が出揃ったところでようやく、**

「では、何から取りかかろうか？」

という検討を始めることができます。

ＩＴ化は、経営層の号令で始まることも多いでしょう。つまり、ＩＴ化担当者は、まず経営層から課題を伝えられるケースが多いと予想できます。

この場合でも、現場の課題についても、しっかりヒアリングしなければなりません。トップダウンで始まったＩＴ化において、現場のＩＴ化までトップの判断で進めてしまうケースもありますが、これでは失敗する可能性が高いといわざるを得ません。もし、経営層と現場の課題意識にズレがあれば、経営層が「これがいい」と判断したＩＴ化が現場のニーズに合わなかったり、かえって現場業務の負担になったりするからです。

たとえば、売上状況の把握や業績予測を目的として、経営側の発案で、生産現場は日々の生産量を、営業担当者は営業活動の日報を入力するシステムが作られたとしましょう。

そのシステムは生産現場向けには各製品の日ごとの実績と、翌日の予測生産量を入力でき、営業向けにはＰＣだけでなくスマートフォンからも、入力ができるようになっています。

しかし、それを運用するのは現場です。

現場が、実際にシステムに入力するかどうかは、別問題です。

経営層は「スマホで入力できれば簡単だろう」と考えたのでしょうが、現場は、

「ただでさえ忙しいのに、さらに入力作業が増えるなんて……!」

という抵抗感でいっぱいになっているかもしれません。

入力を面倒に感じたなら、当然、入力してくれなくなります。徐々に入力する人は減っていき、せっかくのツールは〝野良〟となるでしょう。

ようするに、ＩＴ化は失敗というわけです。


会社全体におけるIT化の成功とは、事業を動かしている現場の人間が、

「IT化で課題が解決した」

「IT化してよかった」

という実感を持てることに尽きるのです。

業務フローの改善で解決できることも

経営と各現場の課題が出揃ったら、その中からIT化で解決する課題を選び出していきます。

ただこのとき、もう1つの視点を持っておきましょう。

「この課題は、本当にIT化しなければ解決できないのか？」

という視点です。

とある会社から、「エクセルに入力した数値が、キントーンに自動的に反映されるようにしたい」という相談を受けたことがありました。

この会社では、営業担当者が、日々の売上データをエクセルに入力していました。一方、顧客情報や案件情報はキントーンで管理しているため、エクセルに打ち込んだデータの一部をコピー&ペーストして、キントーンに移し替えていたのです。

「この手間を削減したい」というのが課題でした。

ムダな作業が発生しているのであれば、ＩＴ化がそのムダをなくす手段になります。

この件に関しては技術的にも簡単で、エクセルにキントーンへデータ登録できるマクロプログラムを開発すれば連携はできます。

しかし、これはあくまで「ＩＴ化ありき」の考え方。

よくよく考えてみてください。

わざわざ2つのソフトウェアをつなぐシステムを、お金をかけて作らなくとも、営業担当者が最初からキントーンに入力するように業務フローを変えてしまえば、この課題は解決するのです。

実際、この会社はエクセルをなくし、キントーン上ですべてのデータを管理するという業務フローに変えることで課題を解決しました。

「ＩＴ化ありき」で考えてしまうと、

「自動転記のシステムを作ろう」

「エクセルと連携させせよう」

という発想につながってしまいます。

しかし、現場や経営層から出てくる課題の中には、わざわざＩＴ化しなくとも、業務フローの見直しによって解決できる課題が、少なからず含まれています。

同じような例は他にもありました。

「ファックスで受付けた注文内容を、パソコンに入力する手間を削減したい」という相談でした。

この業務も、ＩＴ化するのは簡単です。ＯＣＲでファックスの注文書を読み取り、自動入力できるようにします。

そうすれば、担当者が一から入力をする必要はなく、ＯＣＲで誤読された箇所の確認と修正を行うだけなので、表面的な課題解決にはなるでしょう。

しかし、その前に考えておかなければならないことがあります。

「ファックスによる注文受付は、今本当に必要なのか？」

という点についてです。

もし、ファックスでの注文が月に２、３件しかなく、売上にもほとんど貢献してい

ないなら、

「そもそも、ファックスの注文受付をやめたほうがいいのでは？」

と、検討すべきでしょう。

メール注文に置き換えることもできますし、ファックスを使っているお客様に相談して、ネット注文に誘導することもできます。

「ＩＴ化ありきになっていないか？」

と考える手順を飛ばしてしまうと、月に１万円の売上にしかならないファックス注文に対し、月額２万円の自動入力システムを導入してしまう――といった本末転倒な結果になりかねません。

ファックス注文の必要性を検討した結果、「やっぱり必要」と判断した場合には、あらためてＩＴ化を進めていけばよいと思います。

機能の数と使いやすさは別のもの

課題を見つける際に、もう1つ重要なことがあります。

それは、

「この業務は、IT化できるか？」

という視点で見ないようにすることです。

IT化できる業務はたくさんあります。

技術は常に進化していますし、サービスも多様化し、増え続けています。

そのため、「IT化できるか」という視点から見ると、つい「あれもやろう、これもやろう」となってしまいがちです。これが、不要なシステムを導入してしまう結果につながります。

また、現場の人や経営層も、IT化に関する情報を知っていたりもします。あらゆる業務がIT化によって簡略化でき、便利になることを耳にしています。

ですから、課題を聞き出すときに、

「自動転記が便利らしい」

「ＲＰＡ（定型業務を自動化する技術の一種）を入れると楽らしい」

といった、ＩＴツールの話題が出てくることもあるでしょう。

しかし、機能が増えれば便利になる、とは限りません。

機能過多になるほどシステムは複雑になり、使い勝手が悪化する可能性があります。入力項目が増えますし、画面も見づらくなるでしょう。当然、機能の数や複雑さと比例して、導入金額も高くなります。ただ、使いやすさとは比例しないのです。

この落とし穴に陥るのは、避けなければなりません。


何度も繰り返している通り、**大事なのは便利なＩＴツールを詰め込んだシステムを作ることでも、ましてＩＴ化そのものでもなく、**

「解決したい課題は何か」

つまり、「何のために」を常に意識することなのです。

以前、ある建設会社から「工事の流れと詳細を一括で見られるようにしたい」という相談を受けたことがあります。

当初の相談では、工事費用の見積書作成から、受注している案件管理、着工状況、外部業者への依頼内容、支払い状況まで、あらゆる情報を1つのシステムにまとめ、全社員が見られるようにしたい、というお話でした。

これは、「IT化できるか」という視点に立って解決策を考えてしまった、典型的な例といえます。おそらく、

「見積書作成の作業を軽減したい」
「着工状況が把握しづらい」
「外部業者の状況がわからない」
「支払い状況を正しく管理したい」

といった社内の声をすべて拾って、IT化できるものを検討した上で、「1つのシステムにまとめたい」という結論に至ったのでしょう。

ただ、この要望を一度にすべて実現しようとすると、システムは高機能で複雑かつ高額なものにならざるを得ません。

もちろん、作ろうと思えば作れます。しかし、**IT化において重要なのは、〝優れたシステム〟を作ることではなく、〝使いやすく、役に立つシステム〟を作ること**です。いくら便利な機能が盛りだくさんのハイスペックシステムであっても、使いこなせなければ意味がありません。こうした事情をしっかりご説明した上で、

「まずは、本当に解決したい課題だけに、絞ったほうがよいのではないですか」

とご提案させていただいたところ、2回目の相談では「受注案件を見られるようにしたい」というシンプルなご要望に変わっていました。

「何のためのＩＴ化なのか」

という点を踏まえつつ再考したことで、見積書の確認や、着工状況の把握、外部業者への依頼内容などは、わざわざ新たなシステムを作ってまで管理する必要がない、という判断に至ったそうです。

私たちも、せっかく導入のお手伝いをさせていただくのであれば、そのシステムをみすみす〝野良〟にしたくはありません。

お客様が再考してくださったことで、会社のために役立てるシステムを構築することができたのは、我々業者にとって何よりも嬉しいことでした。

【図版3】IT化のステップ②／その①

〈IT化で解決できる課題を見つける〉

★まず、現場で働く人から意見を求める。
その際、理想や希望の声は、
できるだけたくさん聞き出す。
※この段階では「実現可能か？」は重要ではない。

★同時に、IT化担当者が**客観的な視点で現場の**
業務を見直し、課題を掘り起こす。
※現場の人が「あたりまえの業務」と認識している課題を取りこぼさない。

★経営層にも課題を出してもらう。
※経営を担う側と、事業を動かす側では、
IT化に求める目的もメリットも異なる。

★「IT化で解決する課題」を選ぶ。
※業務フローの改善で解決できることも。
※「この課題は、本当にIT化しないとダメ？」の視点を常に忘れずに。

ヒアリング内容を計画書にまとめる

ＩＴ化で解決する課題を絞り込んだら、その内容をまとめましょう。

まとめる、といっても箇条書きや手書きの図などで十分。これをもとにして、ＩＴ化の実務部隊であるSIerやベンダーと打ち合わせをします。

つまり、**ここでまとめる書面が〝ＩＴ化の依頼書〟になり、要件（要求）定義書になり、課題解決に向けた計画書になる**のです。

書き出す内容は、次の３点です。

①ＩＴ化で解決したい課題

ＩＴ化の手段ではなく、ＩＴ化で解決したい課題です。

「外出中の営業担当者が、顧客データを見られるようにする」

「日々の売上状況を確認できるようにする」

「顧客と案件のデータを、１つにまとめて見やすくする」

といった具合に書き出します。

これらの課題を解決する具体的な手段は、業者と一緒に考えていけばいいのです。

「RPAを導入する」

「チャットボットを使う」

といったITツールの話ではなく、「どんな課題を解決したいか」という点を明確にしておきましょう。

②課題解決の理由、背景、目的

課題を書き出す際には、現場や経営層がどのような点に不満を感じ、どんな改善を求めているのか、詳しく書いておくとよいでしょう。

現場や経営層へのヒアリングで、

「データの転記に手間と時間がかかる」

「売上状況が確認しづらい」

といった声が上がれば、きちんとメモしておきます。

なぜその課題を解決したいのか、という背景がはっきりしていれば、業者側も事情が把握しやすく、問題解決の手段も提案しやすくなるでしょう。

また、ＩＴ化が進む中で、本当にそのシステムが現状の課題解決につながっているかの、確認もしやすくなります。

③業務フロー

課題がある業務については、業務フローも一緒にまとめておきましょう。

前述したように、ＩＴ化しなくても、業務フローの見直しなどで解決できる問題があるかもしれません。業者側としても、業務の全体像が見えたほうが、より効果的なＩＴ化が提案できます。

また、

「この連携は必要ですか？」

「ファックス受付は必要ですか？」

といった疑問から、課題解決に向けた別のアプローチを提案できる場合もあります。

【図版4】IT化のステップ②/その②

〈ヒアリング内容を計画書にまとめる〉

★ここでまとめる書面が
“IT化の依頼書”になり、
“要件(要求)定義書”になり、
“課題解決に向けた計画書”になる。

★書き出す内容は以下の3点。
①IT化で解決したい課題
②課題解決の理由、背景、目的
③業務フロー
※計画書はあくまでも計画のため、完璧に作り込まなくてもOK!

★計画書をまとめることで、あらためて、
「何のためにIT化するのか」について
しっかり確認する。

計画書はあくまでも計画ですから、完璧に作り込む必要はありません。課題についての詳細が読み取れるのが理想ですが、それが難しければ、「この部分を解消したい」「こんなふうに変えたい」といった課題解決の漠然としたイメージや、解決したい課題の優先順位をつける程度でも構いません。

細かな点は、業者と打ち合わせしながら掘り下げていくことができます。

大事なのは、

「どこを、どんなふうに、何のためにIT化するのか」

という認識を明確にすること。

計画書をまとめることで、あらためて、

「何のためにIT化するのか」

について、しっかり確認しておくようにしてください。

IT化のステップ③

IT化の予算を確保する

計画書がまとまったら、経営層にはもう1つやることがあります。
それは、ＩＴ化の予算を確保することです。
予算について重要なポイントは３つあります。

①投資の視点を持つ
②既存のシステムにこだわらない
③システム運用開始後の予算を残すこと

では、順番に見ていきましょう。

①「投資」の視点を持つ

会社における投資とは、ようするに「会社の未来をよくするためにお金を使う」という考え方です。経営者の方々は、常にこうした考えをお持ちであろうと思います。

なぜなら経営者とは、

「会社をどうやってよくしていくのか」

「どうすれば売上を増やしていけるのか」

について、常に頭を巡らせている方たちだからです。

それと同じ視点で、自社のＩＴ化についても考えていくことができたら、会社の成長に必要なＩＴ化が可能になります。

しかし、ＩＴ化にかかるお金を、投資ではなく「費用」と捉える人もいます。

そういう考え方をしてしまうと、会社と業者の間で、何をどのようにＩＴ化するかといった話し合いをする場が、

「このシステムはいくらか」

「この部分を削ったら、いくら安くなるか」

といった話で終始してしまう場合があるのです。

もちろん、ムダな出費は避けるに越したことはありません。しかし、安価でシステムを導入することを最重要と考えてしまうと、必要なシステムが作れず、課題が解決できない事態になりかねません。

②既存のシステムにこだわらない

「既存のシステム」とは、現在稼働中のシステムのことを指します。

これにこだわりすぎるのも、ＩＴ化の失敗を招く原因の１つです。

最近でこそ、SaaS型のクラウドサービスを導入するケースが増えましたが、以前のシステムは、SaaSに比べて高額なオンプレミス型――つまり、その会社専用のシステムを一から構築するのが主流でした。

そのため、システム導入後、また新たなシステムを導入しようという話になると、

「せっかく作ったものがあるのだから、これを使いたい」

「既存のシステムがムダになる」

と言い出す誰かが出てくるのです。


しかし、既存のシステムにこだわるのには問題があります。

1つは、システムの性能面に関してです。

前述の通り、今はさまざまなSaaSを安価で使えます。それらが課題解決につながることも多く、正しく使いこなせれば業務の効率も生産性も上がります。

ところが、こうしたクラウド型のサービスと、オンプレミス型のシステムを併合・併用するとなると、お金や手間がかかるのです。

オンプレミス型のシステムに蓄積されているデータを、新たなシステムに移したり、同期したりするためのツールを作る必要があり、データ量によっては数百万円単位のお金がかかることもあります。データを移行させたらそのツールは不要になりますから、移行にかかるお金は「投資」ではなく「費用」です。

つまり、**会社の成長にほとんど貢献しない部分に、大事なお金を使う**ことになります。

また、既存システムと同じような画面構成や操作性を求めて、そのためだけに高額な画面カスタマイズの費用をかけるのは非効率ですし、生産性を低下させる要因にもなるでしょう。

ＩＴ化の目的の１つが、業務の効率化や生産性向上であることを考えると、既存のシステムを活かそうとする姿勢が、本末転倒な判断になってしまうといえるのです。

ようするに、新たなシステムを導入すると決めたのなら、既存のシステムへのこだわりは捨ててしまったほうが、結果的には会社のためになるということ。

短期的には「もったいない」と感じるかもしれませんが、中長期的に見れば、性能がよく安価で使えるシステムにリプレイスしたほうが、メリットは大きいのです。

③システム運用開始後の予算を残す

予算に関する3つ目のポイントは、予算配分に関してです。

新たなシステムを導入すると決めたとき、経営者やIT化担当者が予算に関して目を向けるとしたら、それは導入するまでにかかる初期投資の金額でしょう。

しかし、システムの本番は導入後です。システムを更新することもあるでしょうし、場合によっては新たな機能を付け加えたくなるかもしれません。

つまり、**導入後にも何らかのお金がかかることを想定した上で、予算を確保しておかなければ、システムは着実に陳腐化していく**のです。

適切な予算配分の比率は会社によって変わりますが、予算のうちの半分くらいを初期投資に、残りの半分を導入後の改善や拡張のための資金に分けるといいと思います。

ここで、初期投資について少し補足しておきましょう。以前はオンプレミス型でシステムを導入するケースが多く、かなりのまとまったお金が必要でした。

オンプレミス型は、簡単にいえば、その会社専用のシステムですから、カスタマイズ要素が多く、計画や設計に時間がかかります。

また、そのためにかかる工数は、「人月」で計算されるのが一般的です。

人月とは、システムを開発するのに「1ヵ月に何人のエンジニアが働けば完成するのか」を表し、これに「そのエンジニアは1ヵ月働くといくらかかるのか」を掛け合わせて計算すれば、かかる費用がわかります。

例えば、ある受発注管理システムを開発するのに5人月かかるケースでは、1ヵ月100万円かかるエンジニアだった場合、5人で1ヵ月もしくは1人で5ヵ月かければシステムが完成され、費用は500万円（100万円×5人ないし、100万円×5ヵ月）と計算します。

つまり、規模や要件が大きくなるほど、初期投資の金額も大きくなってしまいます。

一方、現在では、クラウド上にすでにあるソフトウェアを使用する、という形のサービスが安価で使えるようになったのは、何度もご紹介してきた通りです。

自社向けにカスタマイズしなくとも十分に使えます。多少のカスタマイズをしたところで、初期投資の金額はオンプレミス型の10分の1、もしくはそれ以下しかかかりません。

これは、非常に大きな変化です。大手と比べれば資金力に不安があるような中小企業であっても、このような環境を積極的に利用することで、会社にとって大きな負担になることなくＩＴ化に取り組めます。

システムには、「使ってみてわかる」という一面があります。

ですから、念入りに話し合いを重ねて構築されたシステムの導入後に、改善したい点が出てくることも珍しくありません。また、事業が広がったり、人が増えたり、業務内容が変わったりという理由で、追加の機能が必要になることもあります。

そもそも業務改善とは、継続的な取り組みなのです。システムに求める機能や性能も、次第に変化していきます。

そうした変化への対応を迫られることは、避けられません。だからこそ、「導入後の予算」をきちんと確保しておくことが大切です。

【図版5】IT化のステップ③

〈IT化の予算を確保する〉

★ポイントは3つ。

①投資の視点を持つ
「会社の未来をよくするためにお金を使う」

という考え方。

費用でなく、投資。

②既存のシステムにこだわらない
既存のシステムを活かそうとする姿勢が、
本末転倒な判断になってしまう。

③システム改善の資金を確保しておく
導入後にも「何らかのお金がかかる」こと
を想定し予算を確保しないと、システムは
着実に陳腐化する。

「高い」「安い」で判断しない

ＩＴ化にまつわる予算に関しては、

「相場がわからない」

「価格が妥当かどうかわからない」

と悩む経営者の方は多いかもしれません。

相場がわからなければ、業者から提示された金額が高いか安いか判断できませんし、どれくらいの予算を確保すればいいのかも検討がつきません。

ただ正直なところ、ＩＴ化の相場などあってないようなものです。

作りたいシステムの内容、規模、カスタマイズの度合いと難易度、既存のシステムの扱いをどうするかなど、それぞれの企業によって異なるからです。

一方、業者側も料金体系には違いがあります。

SIerの代表的な見積算出方法の「人月」は、一見するとわかりやすい見積方法ですが、別の見方をするとSIerは人をかければかけるだけ儲かる、つまり作れば作るだけ儲かるという仕組みなのです。

そうすると「課題を解決するためのシステム」ではなく「IT化を目的としたシステム」ができ上がってしまう危険性があります。

そこに**〝開発したシステムの価値〟という考えが含まれていない**のです。

重要なのは、でき上がったシステムにお客様が価値を感じるかどうかです。

郵便配達の「速達」を考えてみてください。速達は普通郵便よりも、早く着くことに価値があります。速達を頼む人は、早く着くことに価値を認めているから、普通郵便より高い配達料を払うことに、違和感を持ちません。これと同じです。

価値が高ければ、開発費に対する納得感も高まります。納得感が高まれば、システムを使いこなしてやろうという気持ちにもなるでしょう。

それが結果として、課題解決に結びついていきます。

予算を決めて効果をイメージ

「そうはいってても相場が知りたい」

そういう場合は、相場感をつかむ1つの目安として、当社が提供している「システム39」が参考になるかもしれません。

システム39は、キントーンをベースにして、お客様の課題を解決するシステムを定額39万円で作ります。

1回2時間×3回で、対面で課題のヒアリングや整理などの打ち合わせをしつつ、しかもその場でシステムを開発していきます。すでに課題が整理できている場合は、その内容を踏まえて、すぐに開発に取り掛かります。

そしてポイントは、初回2時間の打ち合わせはもちろん開発も、無料で提供していることです。

2時間の無料開発が終わったあとに、残り2回の開発でどこまで完成するのか、39万円以外に開発費用がかかるのか、かかる場合いくらなのかをすべて提案します。

案件管理や販売管理、スケジュール管理のシステムといったものを初回2時間で6、7割完成させることができ、実際に動くシステムをその場で操作することもできるため、39万円で自社が求めているシステムができるかどうかの判断がしやすいのです。

相場が見えて、予算が確保できそうであれば、IT化した結果、予算に対してどれくらいの効果が期待できるかをご検討いただくといいでしょう。

仮に39万円でシステムを作り、それ以上のリターンが見込めるなら、作ったほうがよいシステムであるといえます。

この場合のリターンには、売上や利益など金銭的なリターンだけでなく、社内コミュニケーションの改善や、業務のムラの減少といった定性的なリターンが含まれることも、忘れないでください。

業務が効率化して社員の残業が減ったり、業務のIT化によって人件費を削減できたりするのであれば、その分もリターンに含めていいでしょう。

さて、予算が決まったら、その金額も、先に出てきた計画書に書きとめておいてください。

この計画書を持って、次はシステム構築を依頼する業者選びに取りかかりましょう。

次章では、そのポイントについて解説します。

3章 まとめ

★IT化において**重要なのは、**
“優れたシステム”を作ることではなく、
“使いやすく、役に立つシステム”を作ること。

★**IT化とは具体的にどうやるのか？**
社内のIT化担当者やIT化チームがやることは、以下の３つ。

①業務の流れを把握し、分解する
- 各部署の業務内容を、各部署の人に聞く

②IT化で解決できる課題を見つけ、計画書を作る
- 現場からの理想や希望の声はできるだけたくさん聞く
- IT化担当者・経営者の目線も必要
- 「何のために」を常に意識する

③IT化の予算を確保し、変化に対応できるようにする
- IT化の予算は会社への“投資”と捉える

★IT化の業務改善は、**「高い」「安い」の基準で考えること自体がナンセンス。**

4章

「システム作り」と「業者」はどう選べばいいのか？

～この〝ポイント〟をはずさなければ大丈夫

中小企業にはクラウドサービスがおすすめ

課題解決に向けた計画が見えてきたら、次はいよいよシステムを作る段階です。繰り返しになりますが、システム作りの実作業は、最初はSIerなどの業者に依頼することが望ましいでしょう。つまり、希望通りのシステム、あるいは期待以上のシステムを作るためには、〝よい業者〟を選ぶことが不可欠です。

本章では、その方法について解説していこうと思うのですが、具体的な業者の選び方について解説する前に、押さえておきたいポイントがあります。

前章でも少し触れましたが、システム作りには大きく分けて2つのケースがあります。1つは、オンプレミス型で自前のシステムを作るケース、もう1つはクラウドでプラットフォームやサービスを利用するケースです（図版6）。

【図版6】オンプレミスとクラウドサービス

◎オンプレミス（通称オンプレ）

自社専用のシステムを構築して保有。

データもその中で管理。

システムの複雑なカスタマイズにも対応可能だが、その分、開発、構築、運用にかかる金銭的な負担は大きくなる。

◎クラウドサービス（通称クラウド）

インターネット経由で、クラウド上のプラットフォームやサービスを利用。

さまざまな種類があり、代表的なサービスとしては、IaaS（イアース）、SaaS（サース）、PaaS（パース）、aPaaS（エーパース）がある（図版7）。

・PaaS

アプリケーションを開発するために必要な環境をインターネット経由で提供。

PaaSを利用することで、OSや開発に必要なソフトウェアを用意することなく、契約後すぐに開発に着手することができるエンジニア向けのサービス。

GoogleやAWS、Microsoftなどがサービスを提供している。

・aPaaS

業務システムを開発するために必要な機能が用意されており、それを自社に合わせて開発することができる開発プラットフォーム。

開発といってもプログラムコードを書くといった専門知識はいらず、ブラウザ上で業務システムを開発できる。

代表例としてはキントーン、Salesforce、Zohoなど。

【図版7】代表的なクラウドサービス

・IaaS

物理的なサーバーやネットワーク機器、OSなどインフラ環境をインターネット経由で提供。

代表例としてはAWSやMicrosoft Azureなど。

・SaaS

パッケージとして提供されていた業務システムをインターネット経由で提供するサービス。

SaaSを利用することで、サーバーやネットワーク機器などのインフラ環境を運用管理する必要がない。また、業務に必要な機能が備わっているシステムを使うため、システム開発をすることもなく、すぐに利用することが可能。

代表例としては会計管理のfreeeや人事・労務管理のSmartHR、名刺管理のSansanなど。

すぐに利用できるSaaSやaPaaSは、ソフトウェアの開発や更新はサービスを提供する業者側で行われるため、金銭的な負担と、システムの維持管理等にかかる負担が抑えられます。

しかし、オンプレに比べると（とくにSaaSは）、自社に合わせたカスタマイズの自由度が下がります。

オンプレとクラウドのどちらがよいかは、システムの使い方によって向き、不向きがあるため、一概にはいえません。

たとえば、金融機関や行政機関などのように、重要な顧客情報を扱うシステムで、自社独自のセキュリティ対策がとれる、設備や人材などのリソースが潤沢にある場合は、オンプレでシステムを開発するという選択肢もあるでしょう。

一方で、会計や労務といった一般的な事務系の業務や、グループウェアなどの情報共有・コミュニケーションのためのシステムを導入する場合は、クラウドのほうが安価に早く導入できるでしょう。

クラウドはインターネット上に自社の情報を預けるので、セキュリティ面で不安だと言われる方も多いですが、クラウドはサービス事業者であるプロのエンジニアが常にセキュリティ対策を実施し、最新の技術を使ってサーバーの安全性を維持し続けています。

また、ログイン時に2段階認証を設定できたり、自社のＩＰアドレス以外は接続不可にしたり、専用の証明書がインストールされている端末からしかアクセスできないといった、セキュリティオプションも豊富に用意されているサービスがほとんどです。

逆にいえば、そのようなセキュリティオプションがないサービスは、気をつけたほうがいいでしょう。

オンプレで同じようなセキュリティ対策を維持しようとすると、セキュリティ対策に精通しているエンジニアを雇い、常にシステムをアップデートし続ける運用コストがかかります。

そもそも、そのような人材を確保すること自体が難しいと思います。

「変化に合わせてシステムを変えられる」という強み

コストや手間の負担が軽ければ、導入までがスピーディに進みます。また、システム導入後も、システムの更新や管理などに多くの人手を割く必要がありません。

とくに中小企業にとって、事業の柔軟性や俊敏性は、重要な武器となります。オンプレは、導入時の開発も、導入後に新たな機能を追加する際にも、クラウドと比べてコストも時間もかかります。その点、サービスを安価ですぐに使い始められるクラウドのほうが、優位性があります。

事業内容、事業の規模、業務フローなどが変わったり、新たな事業を始めたりするときも、クラウドであれば、その時々で必要なサービスを取捨選択できます。

変化に合わせてシステムを変えられる。

クラウドの持つこの特性は、中小企業の強みを活かしやすい、最適な仕組みであると言えます。

クラウドサービスを上手に利用するには？

ここまで、クラウドを猛プッシュしてきましたが、「いいかもしれない」と興味を持っていただけたでしょうか？　次は、クラウドを利用したシステムを作ることを前提に、どうすればクラウドを上手に活用できるのか解説していきましょう。

ポイントは３つあります。

①「お試し」で使い勝手を確認する
②「やめられる」という選択肢を持っておく
③アジャイルの特徴を活かす

さっそく、それぞれを解説していきましょう。

クラウド活用術①

「お試し」で使い勝手を確認する

クラウドサービスは、オンプレと比べて試しやすいというメリットがあります。

厳密にいうと、オンプレとクラウドの差というより、「ウォーターフォール型で作られたオンプレ」と「クラウド」の差によるものが大きいのです。ウォーターフォールといった開発手法についての詳細は後述しますので、今はあまり深く考えずとも構いません。

簡単に説明すると、ウォーターフォール型は、システムの仕様や要件などを決めるところからスタートする開発方法であり、オンプレのシステムはこの方法で作るケースがよく見受けられます。

あらかじめ仕様などを決めておくため、工程を管理しやすいのがウォーターフォール型のメリットといえます。

ただし、開発工程は、

「要件定義→基本設計→詳細設計→実装→テスト」

という流れで進むため、

「実際、どんなシステムになっているのか」

「使い勝手はどうか」

といった判断は、テストできる状態になるまで待つ必要があります。

もっとも、テストした時点で、

「こんな機能を追加したい」

「この機能は不要だった」

という判断が出たとしても、そのときにはすでに設計・開発は終わっているのです。

仕様を変えるには、要件定義まで戻らなければならず、やり直すには時間がかかります。それに、やり直しとなれば、その分、追加のコストもかかるでしょう。

一方、SaaSなどのクラウドは、すでにシステムはでき上がっていますから、すぐに試すことができます。

また、クラウドの中には、「30日間無料」といったお試し期間が用意されているサービスが多いため、同じような内容のサービスが複数あった場合、どういった点が違うのかをお試しを利用して確認したり、本格的に導入する前に、使い勝手のよし悪しを比較検討したりすることも可能です。

システムは、実際に使ってみて初めてわかることも多いものです。他社では評判がよくとも、自社の業務にはなかなかそぐわないケースもあります。

機能、価格、他のシステムとの連携性や拡張性、といった点も、システムを選ぶ際の重要なファクターですが、

「使いやすい」

「便利」

という体感を持てるかどうかもまた、非常に大事なポイントです。

クラウド活用術②

「やめられる」という選択肢を持っておく

クラウドサービスは、サービスの利用を始めてからも、簡単にやめることができます。

「お試し」については前述しましたが、試してみて気に入らなければ、その時点でやめることができます。

また、お試し期間を経て本格的にシステムを導入したあとでも、長く使っていくと不便な部分に気づくこともあるでしょう。

それに、技術は常に進化し、既存のシステムは日に日に古くなります。

とくに、SaaS型サービスなどは、進化と多様化のスピードが非常に速いため、同じようなサービスが、さらに便利な機能を備えて登場することも珍しくありません。

もし、新たなサービスに乗り換えたいと思ったとき、クラウドであれば比較的簡単に乗り換えることができます。クラウドは、利用料を月額にして提供しているケースが多く、それほど面倒な手順もかけず、翌月に解約することができます。

オンプレでは、こうした柔軟な変更はできません。

最初にまとまった額のお金をかけ、自社専用に開発しているのですから、やめたいからといって簡単にやめられないのです。

オンプレのシステムは、会社にとっての〝資産〟です。税法上も、たとえばサーバーのようなハードウェアは、4年ないし5年で減価償却することになるため、「すぐにやめる」という考え方には合いません。

また、一旦運用が開始されてしまえば、その時点で開発は終わったことになります。運用後にシステムの一部を変更したいと考えても、それは新たな開発という扱いになり、別途お金がかかることになるのは先にも述べた通りです。

とくに**中小企業の場合、短期間で事業内容や業務フローが変わる**こともあります。**事業内容が変わるということは、今は必要としているシステムも、来年には不要に**

なっているかもしれないということです。

使わないシステムであっても、維持管理の費用はかかります。事業を縮小するのに合わせてシステムも縮小しようとすると、さらに別途で費用が発生する可能性もあります。

これは、事業が順調でシステムを拡張したいと考えた場合も同じです。

サーバーを増やしたり、機能を追加したりするのであれば、それ相応の費用が発生します。

このようにオンプレは、一度システムが構築され、運用が始まってしまうと、なかなかやめられないのです。すでにあるシステムを軸に、さらにお金をかけて追加・変更していくという流れになり、システムの規模もかかるお金も、雪だるま式に大きくなっていきます。

しかし、最初から、

「自社の事業は変化するもの」

という認識があったなら、どうでしょうか。

そういう観点から見ると、今稼働させているシステムを、

「いつでもやめられる」

という選択肢を持っておくことが重要だと気づきます。

「やめられる」ということは、ムダな出費を抑えることにつながります。その結果として、経営が安定しやすくなります。

だから、選ぶならオンプレよりクラウドのほうがいいのでは——ということなのです。

クラウド活用術③

アジャイル型の特徴を活かす

さて、クラウド活用術の最後に、アジャイル型の開発手法についてご説明していこうと思います。

オンプレのシステムがウォーターフォール型で開発されることが多いのに対し、クラウドサービスを使うシステムは、アジャイル型で作っていくことがほとんどです。

ウォーターフォール型の場合、開発の流れは、まずシステムの要件を決めるところから始め、それから設計、実装、テストという工程になります。先にゴールとなるシステムの完成形を固めてしまい、そこに向かって設計を進めていくのです。

工程と順番が決まっているため、システム導入に向けた計画が立てやすく、わかりやすいというメリットがあります。

ただし、各工程すべてが終わらなければ、次の工程には進めません。すべての工程を順に終わらせ、最終的に要件通りのシステムを完成させることが、システム開発を行う業者側の責任ということです。

途中で問題が起きた場合はスケジュールが遅れることもありますが、完成形に到達するまで開発は終わりません。

また、一度要件が決まって開発が始まったあとで、依頼した会社側の都合でシステムの仕様を変更したい場合、開発が途中まで進んでしまっていれば、スタート地点に戻ることはできません。

滝のように水が上から下に流れ落ちて、下から上へは流れない（前工程には戻れない）開発手法なので、「ウォーターフォール」と呼ばれるのです。

仕様を変えるのはゴールを変えることであり、ゴールを変えるには要件を見直さなければなりません。

その結果、多額のコストが発生する可能性があります。また、システム導入までにかかる時間が大幅に増えることもあります。

一方、アジャイル型の場合は、まずゴールを決めるというより、システムの要件をヒアリングし、その開発規模と運用開始希望時期などを照らし合わせて、一定の目標を定めます。

その中で、短いサイクルで要件定義、設計、開発、テストを繰り返し、導入までの期間の中で最善のシステムを作っていきます。

開発側は、システムの完成形ではなく、一つのサイクルの完了に対して責任を負います。

開発を依頼した会社側は、完成形の詳細を決めていませんが、繰り返し行う要件定義によって、システム稼働時の動作を確定していきます。

このように、**開発スタート時に一応のゴールは定めますが、開発過程で変わることが前提**です。

この点が、最大のメリットとなります。

当初の要件にとらわれない分、必要な機能、不要な機能、追加したい機能などを取捨選択しながら開発を進められるので、ユーザーが求めるシステムにより近づけていけるのです。

【図版８】ウォーターフォール型とアジャイル型

◎ウォーターフォール型

システムの要件をすべて定義してから、開発に入る開発手法。

工程と順番が決まっているため、システム導入に向けた計画が立てやすく、わかりやすい反面、各工程がすべて終わらなければ、次の工程には進めない。

また、開発が途中まで進むと、スタート地点に戻れない（システムの仕様の変更不可）。

多額のコストがかかり、時間も大幅に遅れる可能性もある。

◎アジャイル型

システムを作りながら改善点を見つけ、その都度修正していく開発手法。

当初の要件にとらわれない分、必要な機能、不要な機能、追加したい機能などを取捨選択しながら開発を進められ、ユーザーが求めるシステムにより近づけていける。

作りながら要件を見極め、完成度を高めていく

さて、こうした違いを踏まえた上で、アジャイル型のどのような特徴を活かせばいいのでしょうか。

やはり**重要なのは、**
「要件を変えられる」
という点です。

案件管理システムを作っていて、当初は営業部だけでの利用を前提に、「案件の受注日や受注金額、納品日、請求日などの受注状況が管理できればよい」という仕様で開発をしていたとします。

しかし、開発を進めていく中で、「『案件をシステムで管理するのであれば、経理が入金の消込状況を管理できるようにしないといけない』という、機能追加の要望が出

た」といったことは起こり得ます。

アジャイルであれば、そうした要望を負荷なく反映できます。

ですから、**開発着手時に思い描いた完成形に捉われず、開発が始まったあとでも、アイデア、気づき、要望が出てくれば、それを開発業者にきちんと伝えてください。**

そうすることが、よりよいシステム作りにつながります。

アジャイルは、作りながら完成形を見極め、完成度を高めていく方法です。

たとえば、我々がキントーンによってシステムを作る場合、実際の入力画面を作り、見た目やボタンなどの操作性をお客様とともに確認しながら、システムを完成させていきます。

これも、クラウドサービスをうまく活用するためのポイントです。

作って試す――この作業を繰り返すことで、実用性を踏まえながら機能を取捨選択できるのです。

また、画面を見ながら、ユーザーインターフェイス（UI）、つまり入力したり情

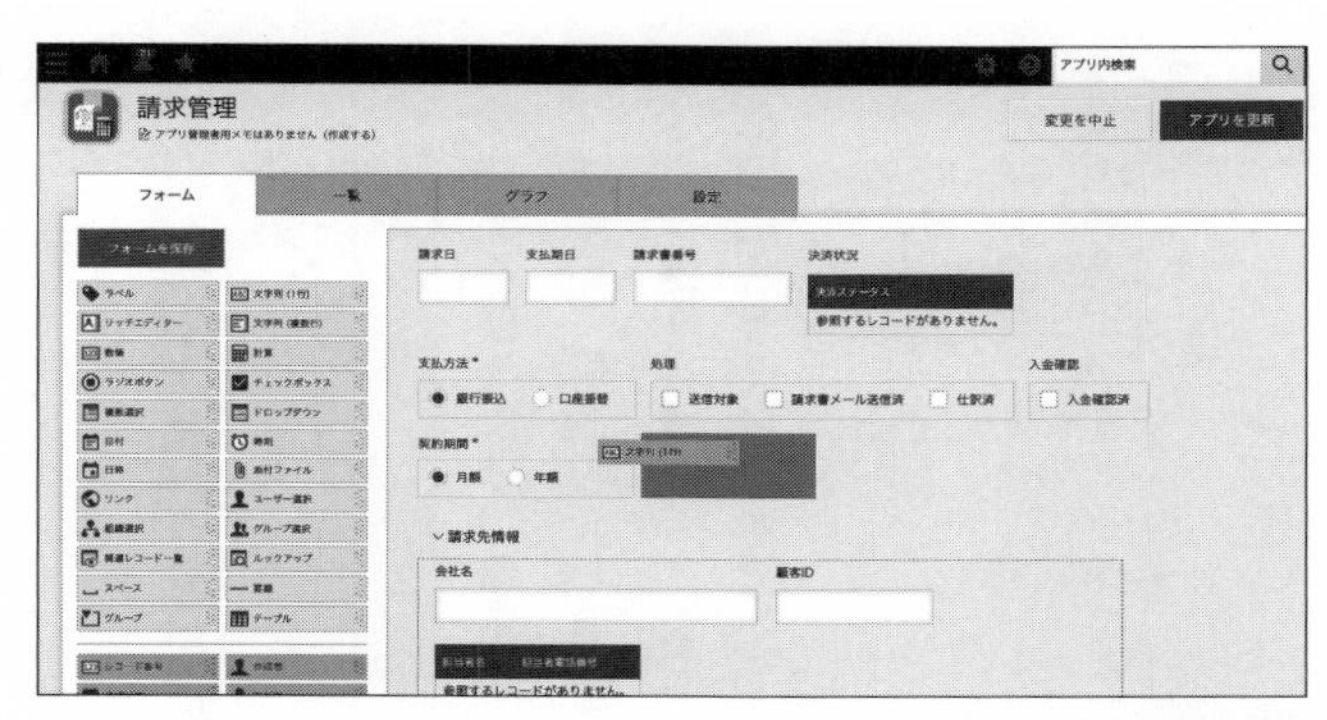

キントーンでのシステム開発画面

報を見たりする際の使い勝手も改善できます。

作りながらテスト入力などを行うことも可能なため、ユーザー側がシステム作りに参加して意見を反映させていくことで、運用開始後に自分たちでシステムを改善する方法も身につきやすくなります。

アジャイル型のシステム開発は、開発しながら、

「使ってみてどうか」

「使いやすいかどうか」

といった実感を確かめつつ、完成度を高めていけることが特徴なのです。

開発業者は何をする？　SIerの役割は「統合」

システム構築にまつわる知識が深まったところで、次に、システム作りを依頼する業者について解説していきましょう。

よいシステムを作るためには、必要な機能を効果的に組み合わせることが重要です。その役割を持つのがSIerです。

一般的にSIerは「システムを開発する会社」と認識されていますが、ただ開発するだけではありません。

課題解決につながるシステムを提案したり、要件を整理し、課題抽出を手伝ったりといったコンサルタントの役割も担います。

また、エンジニアとしての役割も、新しいシステムを開発、構築し、運用の支援を行うだけではないのです。

SIerという名称の一部「ＳＩ（system integrate)」は、文字通り「システムをインテグレート（統合）する」という意味を持ちます。複数のソフトウェア、機能、技術などを幅広く理解し、ユーザーにとって最適なシステムに組み上げることが、SIerの本質です。

「営業効率を高めたい」

という要望に対しＩＴ化を行うのであれば、単に営業担当者向けのツールを作るだけでなく、

「効率化の鍵はどこにあるのか」
「どこを改善すると、どんな成果が見込めるか」

を考慮した上で、売上アップや労力軽減につながるシステムの提案をします。

ツールだけで課題が解決できるなら、メーカーからツールを買えば済みます。要望に対し、「なぜ?」を聞かず、機能だけを満たすツールを提案してくるSIerには注意

が必要です。
はっきりいって、おすすめできません。

システムを作る技術力を持つだけでなく、課題解決に向けたコンサルティングからシステム導入後の改善、運用支援まで、ＩＴ化に関わるあらゆることについて相談を請け負い、対応する。

ＩＴ化を成功させるためには、こうした業者を選ぶことも重要なポイントなのです。

より詳しい選び方については後述しますので、ぜひ参考にしてください。

SIerが担う作業内容とは？

ここで、SIerが担う具体的な業務をまとめておきましょう。
以下の5つになります。

①課題の発見と整理（業務目的の明確化）
②IT化の計画と全体像設計（要件定義）
③データベースとデータの流れを設計（設計）
④システムを作る（開発）
⑤運用と改善（運用改善）

それぞれについて解説していきます。

①課題の発見と整理(業務目的の明確化)

基本的には、業務の課題は社内のＩＴ化担当者によって発見・整理が行われるのが望ましいですが、効率よく進めたい、やり方がわからない、手が足りないといった場合はSIerがお手伝いします。

また、担当者が課題を見落としてしまう可能性も、ないとはいえません。

そうした取りこぼしのリスクを抑えながら、「何のためにＩＴ化するか」「業務フローに無理・ムダはないか」、さらにはお客様によってそれぞれ違う現場環境についても、丁寧に聞き出すことは欠かせません。

情報を入力する人や、その入力された情報を管理・活用したい人の情報も聞き出し整理していきます。

ＩＴリテラシーや業務時間の使い方、繁忙期の作業負荷などによって、本来やるべき業務目的をより明確にし、実現するための支援を考え提案します。

ユーザー側の会社も自社のシステムをより自分事に落とし込み、このあとに続くシステム開発においてもお客様自身で選択していくため、やるべきことの明確化と課題整理を行います。

この最初のヒアリングによる業務の明確化と、課題の発見と整理は、システム化の1番のポイントでもあります。

ここを疎かにするSIerに依頼するのは、やめたほうがいいかもしれません。

逆にいうと、お客様自身にとっても自社の業務フローを明確にする作業は、とても大変で頭を使います。しかし、この作業を内部でしっかり行うことで、選ぶべきSIerを判断することができるようになります。

②IT化の計画と全体像の設計（要件定義）

①で業務が明確化され、課題の発見と整理がされたら、次に「どんな解決策があるか」といった課題解決に向けた要件（要求）の整理を行います。

この段階で、優先的に解決したい課題や、ＩＴ化によって解決した方がいい課題などをより具体的に議論し、そのために必要なＩＴ化の全体像を設計していきます。

複数だと思っていた課題が、１つ解決することでいっぺんに解消される場合があったり、ＩＴ化ではなく、業務フローの見直しで解決したりすることもあります。

しかし、依頼者（ユーザー側）は、判断がつかないことが多いでしょう。

そこで、SIerが知見を発揮して、利用すべきＩＴツールによる解決策、導入にかかる具体的な費用、継続するためのコストや運用後の注意点、導入することによるメリットやコストパフォーマンスなどを相対的に判断し、効果的なＩＴ化とシステムの提案を行います。

③データベースとデータの流れを設計(設計)

ＩＴ化に向けてのシステム提案がまとまったら、いよいよ具体的な情報管理（データベース）の扱いについて考えていきます。

データベースとは、顧客情報や商品のデータなどを集め、使いやすい状態に整理したもののことです。

たとえば、あるお客様が商品を購入されたとき、営業は販売データを、経理は売上データなどを管理していたとします。

しかし、顧客情報や商品データを各担当で別々に管理していた場合、営業の販売データをもとに、経理は売上データにその情報を入力し直すなど手間が増えます。

手間が増えれば、入力漏れや入力ミスも起こるでしょう。

また、データを別々に管理していると、片方だけが修正した場合、本来同じ状態で管理したいデータが違ってしまう可能性もあります。

こうしたミスを防ぐためにも、データを一元管理するデータベースを構築する必要があります。このデータ同士が正しいデータを持つように、データがどのように共有されるかの流れも確認し、データベース設計をしていきます。

そうすることで、同じデータベースを共有しながら業務を行えるようになります。データの分散による2重入力や不整合などがなくなり、入力の手間の簡略化を図れるようになります。

④システムを作る（開発）

データの流れを確認し、データベースの設計が終わったら、②で提案した課題解決のためのシステム開発に取りかかります。

業務に必要な情報（データ）を、データベースに蓄積し更新していくにはその情報を入力するための入力画面が、また蓄積されたデータから必要なデータを取得するためには情報を検索するための検索画面が、それぞれ必要です。

システム完成後にはテストデータを登録し、想定通りに不整合なくデータが登録されているか、業務フローに合った画面構成になっているかなど入念にチェックします。

仮にここで業務フローに合わない画面構成であったり、データベース設計の見直しが必要となったりしても、先に紹介したaPaaSのようなサービスとアジャイル型開発であれば、②や③に戻って要件の修正・再設計を行えます。

システムが完成すると、入力されたデータの確認や集計ができたり、他部署や他業務が扱うデータと連動させることで業務の効率化が実現されたりします。

⑤運用と改善（運用改善）

システムは完成したら、それで終わりではありません。完成したシステムを、社内の人が活用できるようにする必要があります。

もし、入力画面の使い勝手が悪ければ修正する必要がありますし、使っていく中で追加したい機能が出てくることもあります。

インターフェイス、つまり情報を入力したり、閲覧したりする際の使い勝手を改善したり、機能の追加、削除などを含めて、システム運用開始後のサポートを行ったりします。

①から④まで作業が終わりシステムが完成すると、たとえば、営業担当者が顧客データを出先から確認できるようになり、急な問い合わせや訪問要請にもすぐに対応できるようになります。

また、案件情報から簡単に見積書や請求書を出力できるようになるなど、業務効率化が実現されます。

そして、⑤の運用と改善の中で、作ったシステムの改善点の改修や、次なる業務課題の洗い出しを進めていくというわけです。

【図版9】SIerが担う具体的な業務

①課題の発見と整理（業務目的の明確化）

この最初の「ヒアリングによる業務の明確化」と、「課題の発見と整理」がシステム化の一番のポイント。

⬇

②IT化の計画と全体像の設計（要件定義）

課題解決に向けて、相対的に判断し、効果的なIT化とシステム提案を行う。

⬇

③データベースとデータの流れを設計（設計）

より手数やミスが少なくなる、データ（情報）一元管理の設計を考える。

④システムを作る（開発）

システム開発。完成後には、テストデータを登録し、想定通りに不整合なくデータが登録されているか、業務フローにあった画面構成になっているかを入念にチェック。

⑤運用と改善（運用改善）

システムを活用できるようにし、運用後のサポートも行う。

狙い目は「情報発信に積極的な業者」

SIerが担う5つの業務をひと通りこなす能力を持っている。

これは、よい業者を選ぶための最低限の条件です。あとは、依頼する側である皆さんの判断に委ねられます。


実績の豊富な業者であっても、実際に会って相談してみたら、

「この人は熱意が足りないな」

と、不満を覚えるかもしれません。

逆に、実績は他社に見劣りするけれど、

「この人なら、うちのために全力を尽くしてくれそうだ」

と頼もしく感じることもあるでしょう。

業者との付き合いは、システム構築のときだけでなく、運用開始後も続きます。

依頼者と受託者という関係性ではありますが、突き詰めれば、人と人の付き合い。コミュニケーションがうまくとれる相手かどうかも大事ですし、お互いの相性も大事です。

ですから、**まずは会って話を聞いてみること**です。

相談だけなら無料でできる場合もあります。たとえば、当社のサービス「システム39」では、初回開発を無料で実施しているのは、先にも書いた通りです。

自社の課題や実現したいことがまとまったら、まずはめぼしい業者に相談されてみるのがよいと思います。

ただ、ネットで検索して探すにしても、いくつも候補が挙がるでしょう。数ある業者の中から、まずどこに相談を持ちかければいいのか、最初は戸惑うかもしれません。

1つポイントを挙げるなら、**積極的に情報発信している業者を探してみるのもよい**かと思います。

試しに、インターネットでSIerを検索してみてください。

そして、課題解決のポイントや、上手なＩＴツールの活用法などについての記事を書いている業者を探してみましょう。自社のウェブサイト上で、事例、実績、SIerとして大事にしている理念や方針について、まとめている業者もあります。

こうした情報に目を通すと、どのような業者で、どんな考えを持っているのかがわかります。

ＩＴ化の重要性や必要性を知ってほしい。
自分たちの仕事に自信を持っている。
誰かの役に立つことに誇りを持っている。

そういった姿勢が読み取れるのです。

また、記事の内容や主張がわかりやすければ、コミュニケーション能力も高いだろうと推測できます。実際に相談するときも、意思の疎通が図りやすいでしょう。

それに、自社の持つ考えや取り組みに関して、文章にしてアウトプットできるということは、そのための知識や経験を十分にインプットしている証です。

つまり、**情報発信力があるほどその分野に関して勉強熱心である可能性が高く、ひいては、技術や能力のある業者ではないかと考えられます。**

もちろん、どの業者であっても、ある程度の知識は持っています。

ただし、**知識のインプットより、その知識を整理し、記事としてまとめるほうが労力はいる**でしょう。

それができるのは、熱意はもちろん、その分野に対する深い知識と経験があるからだと思います。

社内のＩＴ化担当者に不可欠な「熱意」は、開発を任せる業者側にも持っておいてほしい要素の１つです。

会社をよくしたい。

業務を改善したい。

そうした担当者の熱意を共有できる業者を見つけることができたら、社内のＩＴ化は確実に、成功に近づくでしょう。情報発信力が、そうした業者と出会うための１つのフィルターになることは間違いありません。

実績より大事な〝ヒアリング力〟

ＩＴ化したいと考え、業者を探し始めるとき、過去の開発実績を大きな判断ポイントの1つと考える方も多いと思います。

自社が製造業をやっているなら「製造業で実績のある業者がいいだろう」、小売店なら「ＥＣサイトを作った実績があったほうがいいだろう」と考えるわけです。

もちろん、同じ業種、業界の開発実績があるに越したことはないですが、**過去の開発実績を最重要視する必要はありません。**

なぜなら、**ＩＴ化の目的は、課題解決**だからです。

そのために必要なのは、業務を一つひとつ分解し、課題に対する改善策を考えること。この点は、業種や業態の違いでさほど差がつくものではありません。

製造業であれば、材料の仕入れ、部品の組みつけ、検品、出荷といった流れで業務が進んでいきます。販売なら、商品の仕入れ、陳列、販売という流れがあり、その裏に、在庫管理、人員配置、売上管理といった業務があります。

これらを知っていることが、いい業者の証になるわけではありません。

たとえ**どのような業種・業態であったとしても、その会社の業務がどういったものなのか、ヒアリングすることで過不足なく情報を引き出し、業務を分解できることが重要です。**

そもそも、同じ業界であっても、会社によって業務フローの細かな違いは必ずあります。その業界にどれだけ詳しくても、ある1社の業務について細かい部分まで知るためには、ヒアリングで聞き出すしかありません。

つまり、重要なのは、業界について知っているかどうかより、必要な情報を聞き出すためのヒアリング力があるかどうかです。

以前、当社のメンバーが、車椅子を作っている会社のお手伝いをさせていただいたとき、担当者の方に「この業界のことをよくご存知ですね」と驚かれたことがありました。
しかし、実は車椅子の作り方など知りませんでした。
ただ、以前に製造業の会社で業務改善を支援したことがあったので、製造の業務フローに関する情報を持っていたのは確かです。それを踏まえて業務を分解したに過ぎませんでした。

ある程度の実績があれば、たとえ同じ業種への導入実績はなくとも、業者側も経験則から予測を立てたりすることはできます。ですから、同一業界内での実績があるかないかという点は、あまり重視しなくてもいいと思うのです。

会計、労務、総務などバックオフィス向けのシステムに関しても、医療系や介護系など高度な専門性が求められる業種はまた別ですが、基本的には、同業種・同業態での実績の有無は、あまり重視しなくてもよいと思います。

「まとめる」のではなく「組み合わせる」

業者の導入実績については、

「どのようなシステムをメインに扱っているのか」

「どんなサービスの実績があるのか」

といった点も気になるかもしれません。

業者といってもいろいろとあって、SIerは前述の通り、システムを組み合わせて課題解決策を提案するのが仕事ですので、特定メーカーのツールにこだわらないベンダーフリーの業者のほうが提案の幅は広がるでしょう。

一方、「キントーンを導入しよう」「会計ソフトをfreeeにしよう」などと、すでに導入したいシステムが決まっている場合は、その製品を主軸として扱っている業者にまずは相談するほうが安心かと思います。

ちなみに、当社の場合はキントーンを使ってシステムを作ります。

「キントーンに強い会社」として認知されることが、「キントーンもできます」という他社よりも強みとなるのです。

実際、「キントーンでシステムを作りたい」というご要望を持って、我々のところに相談にいらっしゃる会社は少なくありません。


ただし、注意点もあります。

それは、特定のサービスや製品に囲い込まれないようにすること。

わかりやすくいうと、**仮にキントーンでシステムを作るからといって、会計、労務、その他の業務についても、すべてキントーンにしなければならないわけでない、ということです。**

もちろん、1つのサービスにまとめたほうがよい場合もあります。

しかし、**まとめることが前提ではありません。**

餅は餅屋というように、会計なら会計、労務なら労務に特化したシステムを使い、連携させるほうがよい場合もあります。

どちらを選ぶかの基準は、やはり、

「自社の課題解決になるか」

「使い勝手はどうか」

「業務改善のニーズを満たせるか」

といった点を比べてみるしかありません。


先にも紹介したように、クラウドサービスの多くはお試しができますから、気になるシステムが見つかったら、まずは使い勝手を比べてみて判断するのがおすすめです。

我々が作るシステムでも、販売管理はキントーン、会計はfreeeを使い、連携させるケースがあります。連携の設定作業は我々のような業者が支援しますので、とくに難しいことはありません。そこはまさに統合を担うSIerの役目です。

依頼する側であるお客様には、課題解決に集中していただき、必要なシステムを、必要なタイミングで、連携させたり取り除いたりしていくことが、システム構築の成功パターンといっても過言ではありません。

「この業者とチームになれるか?」

業者に目星をつけて、直接会って相談することになったら、次に考えるべきは、

「この業者とチームになれるか」

ということです。

よいシステムを作るためには、よい業者を選び、よい関係性を作る必要があります。

業者とは長い付き合いになることは先にも述べた通りで、だからこそ、**「会社の課題を理解し、業務改善や成長のために力を貸してくれる」信頼できる業者を選ぶことはとても重要です。**

では、業者のどのような部分を見て、それを判断すればいいのでしょうか。

ポイントは2つあります。

①課題解決に目を向けているか
②チームで取り組む意識を持っているか

では、それぞれの基準を詳しく見ていきましょう。

チームを組める業者の条件①

課題解決に目を向けているか

皆さんは、

「営業を効率化したい」

「経費精算の手間を軽減したい」

といった自社が抱える具体的な課題と、業務改善という大きな目的を持っています。

この部分を共有し、共通の目標として取り組んでいけることが、チームになれる業者の条件です。

おそらく一度業者と話をしてみれば、「課題解決に目が向いているかどうか」はすぐにわかるでしょう。

「営業を効率化したい」

と相談したとき、

「それならこのシステムが人気です」

「このツールが最新です」

といった話を始める業者には、あまり期待できません。

このタイプの業者は、会社をＩＴ化させることが目的になっており、出てくるのはほぼ売り文句です。**課題を出発点にして考える皆さんと、ＩＴ化ありきで考える業者とでは、目的意識にズレがありすぎて、よいチームにはなれない**でしょう。

むしろ、このタイプの業者と話し込んでしまうと、人気のシステムや最新機能に興味が湧いてしまい、課題解決につながらない不要なシステムを導入してしまう可能性だってないとはいえません。


課題解決に目が向いている業者であれば、きっと、

「何にお困りですか？」

「どういった部分を効率化したいと考えていらっしゃいますか？」

「効率が上がらない原因は何とお考えですか？」

と聞いてくるでしょう。それが課題解決のためには必要な情報だからです。さらに、

「この業務をＩＴ化によって変えれば、課題が解決できそうです」

「このデータをまとめると、業務が改善します」
といった、課題を踏まえた提案が出てくれば安心です。

この他にも、たとえば、導入できる機能の有無に〇×をつけてまとめた一覧を持ってくるような業者も、避けたほうが無難だろうと思います。

その業者で扱える機能を売り込むことばかりに、頭が回っている証拠だからです。

機能の〇×のように機能ベースで話を進めた時点で、お客様と業者との間で認識の齟齬（そご）が生まれやすくなります。

たとえば「スケジュール管理ができる」といった機能の有無に対して、お客様側は「カレンダー形式で、Googleカレンダーのようにドラッグアンドドロップで、予定変更が簡単にできる」ことが「スケジュール管理ができる」に含まれていると思っているとします。

しかし業者側が、ユーザー側のそのような要望を認識していない場合、「社員の予定が入れられて、その他の社員と予定共有ができる」という機能があることを指して

「スケジュール管理ができる」に○をつける可能性があり、ここに認識の齟齬が生まれるわけです。

ですので、機能の○×で話を進めるのはおすすめできません。

相談内容に対する回答が、「できる」「できない」の2択になってしまう業者にも気をつけましょう。業者の持つ技術やシステムを使って、どこをどうＩＴ化できるか、という視点しか持っていないことがあからさまだからです。

お客様の課題に向き合おうとする姿勢が感じられません。

課題ではなく「ＩＴ化」を出発点に考えている業者が相手では、やはり課題解決に向けて協業できるチームにはなりづらいものです。

チームを組める業者の条件②

チームで取り組む意識を持っているか

チームを組むにふさわしい業者を見極めたいとき、もう1つ持っておきたい視点があります。それは、その業者が皆さんの会社のＩＴ化を、皆さんと一緒にチームとなって取り組む意識を持っているかどうかです。

つまり、業者選びは、よいシステムを作るための、よいパートナー探しであると言い換えられるでしょう。

悲しいことですが業者の中には、

「お客様に言われた通りに作って、お金をもらえればそれでいい」

としか考えていない人がいます。

このタイプの業者にとっては、依頼者はただお金を払ってくれる人なのです。課題に目が向かないのも、会社をよくしていこうという意識が共有できないのも、そこにチーム意識がないからです。

一方、ユーザー側の中にも、

「ITに詳しくないのでお金は出すから、難しいことは全部やってくれ！」

と考えてしまう方がいらっしゃいます。

システム作りを業者に丸投げするのが、その典型的なケースといえるでしょう。

このような関係性では、よいシステムは作れないことを知ってほしいと思います。

一定の能力がある業者なら、丸投げにしてもシステムは完成します。

しかし、どうしても完成度は下がります。

なぜなら、**業者はシステムについてはよく知っていても、業務の詳細はわからないからです。業務がわからなければ、本当に使い勝手がよく、課題解決に役立つシステムがどんなものか判断できません。**

その点については、社内のIT化担当者が、業者に細かな要求や改善点を伝えていく必要があります。

本当に役立つシステムを作るためには、業務のことをわかっているユーザーの意見と、システムのプロである業者の知見、どちらも不可欠なのです。

ですから、まずは依頼者となる皆さんに、

「業者とチームとなってやっていこう」

という意識を持っていただきたいと思います。

そして、

「一緒にチームとしてがんばっていけそうな業者か？」

という視点を持って業者を見極めていただけたら、よい結果につながるのではないかと思うのです。

4章　まとめ

★システム作りには、大きく分けて**「オンプレミス」**と**「クラウドサービス」**がある。

★**中小企業には**、変化に合わせてシステムを変えられる**「クラウドサービス」がおすすめ。**

★クラウドをうまく活用するポイントは３つ。
①「お試し」で使い勝手を確認する
②「やめられる」という選択肢を持っておく
③アジャイル型の特徴を活かす

★システムを作る技術力だけでなく、**「IT化に関わるあらゆることについて相談を請け負い、対応する」**のが、よい業者（SIer）。

★**「この業者とチームになれるか」**という以下の２つの視点を持つ。
①課題解決に目を向けているか
②チームで取り組む意識を持っているか

5章

IT化は「今すぐ」「待ったなし」

～中小企業ほど優位性を発揮できる！

「いつやればいいの？」――その答えは明白です

ここまで読んでくださった読者の皆さんなら、ＩＴ化とはどういったものか、どこから手をつけ始め、どのように進めていけばいいのか、その流れをご理解いただけたかと思います。

あとは、実行に移すだけです。

では、いつやればいいのでしょうか？

答えは明白です。

「今すぐ」にやりましょう。

さっそく社員の中からＩＴ化担当者にふさわしい人材を探し出し、今日からでも、業務の分解と課題探しを始めましょう。

体制作りや予算の確保など、課題解決のために会社がやるべきことを決めてください。業者探しにも取りかかりましょう。スムーズに進めば、来月にはＩＴ化の計画がまとまり、業者と具体的な打ち合わせができるはずです。

翌月にはシステムを使い始め、３ヵ月後には「便利になった」「働きやすくなった」といった喜びの声が、各部門から聞こえてくるかもしれません。

動き出せば変化が起きます。

意思決定が比較的スムーズに進みやすい中小企業ほど、スピード感を持ってＩＴ化を進めることができるでしょう。つまり、**ＩＴ化に向けた取り組みは、中小企業ほど優位性を存分に発揮できる**と思うのです。

いまいち「ピン!」ときていない人をどうするか

経営者やＩＴ化担当者が、ＩＴ化を「すぐやる」ことに熱意を持って取り組んでいても、直接関わらない社員の中には、「すぐやる」ことにいまいちピンときていない人もいるかもしれません。

「必要性はわかるが、もっと優先すべき問題があるのではないか」
「今のところ、業務に課題というほど大きな課題はないし……」

そんなふうに考える人たちが多いほど、ＩＴ化に向けた１歩目を踏み出しづらくなってしまいます。

日々、目の前の業務に追われていれば、ＩＴ化を後回しにしたくなる気持ちはわかります。やるべきことはすでに山積みなのに、さらにＩＴ化にも対応しなければならないとなると、「今でなくとも……」という気持ちにもなるでしょう。

一方で、ＩＴ化は、会社全体をよい方向に変えていくための取り組みです。全社一丸となって進めていく必要があります。

つまりは、

「会社をよくしよう」
「ＩＴ化で変えていこう」

という意識を、全社で共有することが重要です。

「すぐやる」意識をすべての社員といかに共有できるかという点も、経営者やＩＴ化担当者の重要な役割といえます。

では、どうすれば「すぐやる」意識を、皆で共有できるのでしょうか。

ポイントは２つあります。

①できることからやる
②小さく始める（スモールスタート）

これらについて解説していきます。

「すぐやる」意識の共有法①
できることからやる

コロナ禍においてビジネスの世界で、リモートワークがかなりのスピードで普及したのは、人との接触が制限され、対面で会議をするどころか出社することさえ難しい状況での、解決策の1つだったからです。

海外拠点とのやりとりが多い会社や、営業所などが各地にあり、全員が1ヵ所に集まることが頻繁にできない業務を行っている会社などでは、リモートワークを実現するツールや仕組みはコロナ以前からすでに導入されていたこともあり、比較的早くリモートワークに切り替えられました。

しかし、支店や営業所などがなく、わざわざリモートでつなぐ必要がなかった都市部の企業や地方の中小企業も、今回の新型コロナウイルス感染拡大防止のための対策を、早急に行わなければいけない状況に立たされました。

背に腹は替えられない、とリモートワークへ切り替えざるを得ず、十分な準備もできない中、対応に踏み切った企業も多かったことでしょう。

それでも、

「ウェブ会議ならできる」

「とりあえず使ってみよう」

そう考え、すぐに行動に移せたことが、結果、速いスピードでの普及につながったのではないでしょうか。

何か新しいことを始めようとするとき、

「効果を検証してからでないと……」

と考える人もいます。確かにそれが必要な場面もありますが、**事がIT化であれば、実際に使ってみると効果はすぐにわかります。**

とくにクラウドサービスの多くは、前章でも触れた通り、特別なシステムを作る必要も、ハードを買い揃える必要もありません。始めるのもやめるのも簡単です。

そうした環境が整っていることを考えれば、**効果の検証に時間を費やすより、実際**

に試してみるほうが合理的でしょう。

できることから、やってみればいいのです。

もし、「今できること」がなかなか見つからないのなら、これまでの成功事例を参考にするのも1つの方法です。

安直と思われるかもしれませんが、多くの企業で導入されている会計ソフトや、人事・労務系のシステムであれば、とりあえず試してみる価値はあるでしょう。

同じ業界、同じ業種での成功例があれば、そのやり方を参考にすることもできます。成功例がわかれば、そのゴールに行き着くまでにどこでつまずきやすいのか、そうした情報も得られるかもしれません。ＩＴ化が順調に進みやすくなり、成功率も上がるということです。

まずは、できることからやってみる。

IT化において、迷って手をこまぬいている時間ほど、もったいないものはありません。

「比較すること」が迷いのもとになる

一歩目を踏み出すとき、

「もっとよい方法があるかもしれない」

「今後、もっとよいサービスが出るかもしれない」

という迷いが、「すぐやる」意識の足かせになることがあります。

しかし考えてみれば、あるかもしれないけれど、ないかもしれません。ないかもしれないものを期待して、今できることをやらないままでいいのでしょうか？

仮に「もっとよいもの」が出てきたとして、それが本当に自社にとってよいものなのかは、使ってみて、比較してみなければわからないでしょう。

ですから、よさそうだと思えるものがあるなら、まず試してみるのがいいと思います。使ってみた実感を踏まえなければ、良し悪しの判断はできません。

また、同じようなサービスの機能を、パンフレットを参考にして比べる人がいますが、これはあまり意味がありません。技術は日進月歩であり、機能はつぎつぎに更新、追加されていきます。

今、手元にあるパンフレットの内容が、最新情報とは限らないのです。

パンフレットとにらめっこしながら検討しても、心が決まったころには機能が変わってしまっている可能性があるため、時間のムダになってしまいます。

そもそも、技術や機能は待てば待つほど進歩していきます。

昨年発売されたスマートフォンより、今年発売されるスマートフォンのほうが、機能がいいのはあたりまえです。「スマートフォンの買い替えを検討していて、常に最新の機能を」と追い求め続けると、いつまで経っても古いスマートフォンを使い続けることになります。

IT化も同様で、「もっとよいもの」という視点にとらわれると、そこでストップしてしまうのです。

そう考えると、「できることからやる」は、

「使えるものから使ってみる」

「今あるものを使ってみる」

と、言い換えられるでしょう。

「使ってみよう」と考え、実際に使ってみれば、使ってみた効果がわかります。

「自分たちがどんなサービスを求めているか」

「今のサービスに何が不足しているか」

といったことが具体的にわかりますし、それを足がかりにして、さらによりよいサービスを探すこともできます。

とにかく〝一歩〟踏み出す

また、最初の一歩を踏み出せると、それによってＩＴ化への抵抗感や恐怖心が薄らいでいきます。

新しいものを試してみるときは、少なからず心理的な障壁があるものです。

しかし、一歩踏み出してしまえば障壁はぐんと低くなり、二歩目、三歩目が踏み出しやすくなります。一歩目を踏み出せずにいる会社と、すでに一歩前に進み始めた会社とでは、ＩＴ化のスピードは雲泥の差となります。

営業部門からバックオフィスまで幅広い範囲で効率化できている会社は、最初からそのような環境を作れたわけではありません。

最初は営業部内でビジネスチャットを導入し、次に案件管理システム、その次にクラウド会計サービスを導入するといった具合に、一歩目に続けて二歩目、三歩目と進みながら、今のシステムを完成させました。

一歩の先には、二歩目、三歩目が控えています。

一歩踏み出すごとに知識と経験は増え、さらに次の一歩を正しい方向に進めやすくなっていくでしょう。

「次は社員教育を効率化しよう」

「集客にウェビナーを開催してみよう」

などと、課題解決に向けたアイデアも広がりやすくなります。試してみようとする行動力も増していきます。

比較、検討に時間をかける慎重さより、とりあえずやってみようとする積極性のほ

うが、ＩＴ化には向いているのです。

導入時にはＩＴ化担当者の〝伴走〟が大事

それでは、できることを見つけたら、さっそく試しましょう。

もちろん、まず試してみるのはＩＴ化担当者です。

使ってみて、課題解決につながりそうだと感じたら、次はその課題を抱えている現場の人に使ってみてもらいます。経営層の課題解決のためにシステムを導入するなら、経営層に試してもらいます。

その際に重要なのは、操作方法に慣れるまでの間、ＩＴ化担当者が手厚くサポートすることです。

なぜなら、**システムは人と同じで、第一印象が重要**だからです。

システムとしては優秀でも、最初に操作するとき入力画面の操作を間違えたり、勘違いしておかしな動作をさせてしまったり、といった失敗をしてしまうことで、

「自分にはできない」

「覚えるのは大変だ」

といった印象を持ってしまうと、そのシステムは浸透しないでしょう。操作すること自体に苦手意識を持ってしまいます。

同時に、現場としては、業務の合間に新しいシステムの操作法を覚えることは、単に時間がかかり手間が増えるだけなのです。さらに苦手意識まで持たれてしまったら、それはＩＴ化に対する抵抗感につながっていくでしょう。

それは避けたいはずです。

ですから、ＩＴ化担当者は、つきっ切りで丁寧に、システムの使い方について説明しなければなりません。操作する人に付き添い、つまずいたら手助けして、あくまで本人に操作をしてもらいながら、フォローしてあげてください。


ここは、勝負どころです。

システムをすでに理解しているＩＴ化担当者としては、文字入力そのものに慣れていない人や、システムにあまり詳しくない人に基礎から教えることを、面倒に思うかもしれません。

「自分がやったほうが早い」

と手を貸したくなるでしょうが、我慢です。

あくまで現場の人に手を動かしてもらい、操作方法を覚えてもらえるまで、とことん付き合います。**この段階で担当者が代わりに操作してしまうと、現場の人は、操作方法ではなく、代わりにやってもらうラクさを覚えてしまいます。**

結局、システム運用後も、

「自分たちはよくわからないから」

という理由で、ＩＴ化担当者にお任せ状態になってしまう可能性があるのです。

これでは、本末転倒です。担当者の負担が増えるだけです。

属人化すべきでない業務が、属人化してしまうことになる……。

それは避けなければなりません。

ＩＴ化担当者はシステム操作の先生になったつもりで、現場の人に根気よく使い方を教えてあげてください。

各部署への丸投げに注意！

ＩＴ化が経営者主導で行われる場合に、

「まずやってみよう！」

と経営者が判断したあと、その運用を現場で働く社員たちに丸投げしてしまうと、おそらくそのシステムは浸透せず、やがて使われなくなるでしょう。

実際、このパターンでせっかくのシステムがムダになったケースもあるのです。

経営者にＩＴ化への熱意があったとしても、「いいものができたから、あとは皆さんで使ってください」と運用を丸投げされた現場には、その熱意が伝わりません。

まずは、現場がシステムを使いこなせるように、サポートをする必要があります。

システムに関する勉強会を開いたり、パソコン操作やタイピングの個別指導を行ったりするといいかもしれません。

ちなみに、操作方法を指導するときには、できる限りネガティブな言葉を使わないようにすることをおすすめします。ようするに、褒めて伸ばす方式です。

もっとも、そんなに難しく考えることはありません。

業務改善のためのＩＴ化とは、すなわち、現場の仕事をラクに、楽しくするための改善です。最初は戸惑ったとしても、操作方法を覚えれば覚えるほど、現場の人たちは「便利になった」という実感を得るはずですから、次第に前向きになってくれると思います。

また、現場の人が操作をミスしやすかったり、手間どったりしたところは、教えながら必ずチェックしておいてください。

たとえば、入力画面で必須項目に＊マークがついているのにもかかわらず、ほとんどの人が入力するのを忘れてエラーになる、ということが発生していたとします。原因として「必須項目だということがわかりづらい」と考えられますので、必須項目の横に「※この項目は必須です！」といった文言を付け足し、誰にでもわかりやすくすることで改善されるかもしれません。

このような少しの工夫でありながら手厚いサポートが、苦手意識を払拭し、前向きに利用してもらえる早道にもなりますので、根気よく取り組んでみてください。

さらに、**手厚いサポートが必要となるのは、若手よりも中高年の社員**でしょう。長年、手作業でこなしていた業務をＩＴ化した場合などはとくに、デジタル慣れしていない世代に対しては、丁寧に、根気強く、サポートしていく必要があります。

そもそも若い人は、日常生活に常にデジタル機器があった世代ですから、操作方法なども慣れているため飲み込みも早く、基礎さえつかめばすぐに使いこなせるだろうと思います。

その場合、懸念されるのは、管理職などの立場にある人が、入力作業などを若手に丸投げしてしまうのではないかという点です。

人によって習熟度に差は出ますので、全員が同レベルで使いこなせる必要はありません。しかし、**特定の人に、業務が偏るような状況につながらないように、ＩＴ化担当者はしっかりと注意しておく必要がある**でしょう。

「すぐやる」意識の共有法②

小さく始める（スモールスタート）

「すぐやる」意識を醸成する2つ目のポイントは、「小さく始める」ことです。

経営者やIT化担当者は、

「顧客データベースを作り、案件管理はすべてタブレットで操作できるようにしよう。あと、紙とハンコでの申請はやめてワークフローを導入し、経費精算はすべて電子申請として、チャットを導入してチャットから承認ができる仕組みも導入しよう……」

といった感じで、あらゆる業務に対して一気にシステムを導入することで、大きな変革を起こした実感が得られ、時間効率もよくなるはずだと考えがちです。

しかし、**重要なのは、現場にシステムをきちんと根付かせて、各部署の社員が使いこなせるようにすること**です。

となると、「一気に変える」やり方は、現場の混乱を招きかねません。長年続けてきた業務フローが大きく変わることに、不安や不満を感じる人もいるでしょう。その人たちが、さらに抵抗感を強めてしまう可能性もあります。

そのため、まずは小さくスタートします。

実際にシステムを使う現場の人たちが、変化に違和感を抱きにくく、かつ、ＩＴ化による良い効果が実感しやすいところから、スタートするのがよいと思います。

たとえば、手間や時間のかかるアナログな業務をＩＴ化で簡略化すれば、導入当初こそ多少の違和感があったとしても、「便利になった」「ラクになった」という実感が得られて、システムは浸透するでしょう。

出張の申請や出張費の精算などは、ＩＴ化のよい入り口です。

外出先からオフィスに戻って、何枚も書類を書き、上長のハンコをもらい、経理に申請するといった一連の業務を、ワークフローに置き換え、外出先でもＰＣから簡単に申請できるようになることで、時間と手間が大幅に削減できます。

営業部門では、お客様からの電話を出先の営業担当者に取り次いだり、電話があった旨のメモを残したりといった業務に、時間と手間をとられがちです。

この部分をビジネスチャットで代替し、電話があったらお客様の名前と電話番号をチャットで知らせてもらうようにします。すると、外出先でも電話があったことを知ることができ、電話番号をクリックするだけですぐに先方に電話ができます。

さらには、すぐに返信が来たことで、顧客満足度も上がるはずです。

これだけのことができるとわかれば、

「便利だな」

と感じてもらいやすいと思います。

また、このくらいの変化であれば、システムやパソコンの操作に慣れていない人にも、浸透しやすいでしょう。

さらに、

「簡単に使えた」

という実感を持ってもらえたら、システムへの忌避感もかなり薄れます。

そうすれば、もう少し複雑なシステムでも受け入れられるようになります。

このようにして、段階的に導入していくことで、本格的なＩＴ化に向けた流れを作っていくわけです。

「あらゆる負担」をなるべく軽く

スモールスタートにする狙いは、システムの操作に対して、

「簡単だ」

と実感してもらうこと。

つまり、**操作が簡単であることが大前提**です。

たとえば、ビジネスチャットを導入する場合、現場の人が実際にやってみて、

「確かに、メモを残すより、チャットで連絡したほうがラクだな」

と感じてもらえるシステムでなければなりません。逆に、

「やっぱりメモのほうがラクだな」

と思ってしまえば、現場はそのＩＴ化を「改悪だ」と判断するでしょう。

ですからIT化担当者には、システム導入に際して、それが簡単にできることを演出する工夫も必要になります。

仮に、営業担当者が顧客情報を入力するシステムを作ったとしましょう。これを導入することで、現場には各お客様につき20項目の入力作業が発生するとします。

システム入力に慣れていない人や、システム導入の必要性をあまり感じていない人は、おそらく「20項目もあるのか……」と面倒に感じるはずです。

そこで、まずはこの段階では、IT化にだいぶ慣れたであろうIT化担当者が15項目の入力を受け持ち、営業担当者には5項目だけ入力してもらうことにします。

「入力日、顧客の名前、住所、電話番号、契約の確度など、重要なところだけ入力してください。あとはこちらでやっておきます」

そう提案すれば、「5項目なら、まあいいか」となるでしょう。

現場が慣れてきたら10項目、15項目と増やしていきます。

これも、前述した伴走の一種です。

こうして、少しずつ入力作業が現場の日常になっていくうちに、顧客のデータは着々と蓄積されていきます。このデータを実際に利用して顧客と連絡をとったりするようになると、「確かに、以前より使いやすい」「便利だな」と感じることもあると思うのです。

現場がデータ入力する価値を感じてくれるようになったら、最終的には全項目の入力を任せることができます。もう反発はされないはずです。

蓄積され続ける顧客データは、その後、新たな経営戦略を立てるのに利用されたり、新たなサービスを作り出すきっかけとなったりするでしょう。

そのとき湧いてくる、

「自分がコツコツ入力してきたデータが役に立った」

「営業戦略の進化に貢献した」

という実感が、システムに対する印象をさらによくしてくれます。

「システムがあると便利だ」

という実感は、

「導入してよかった」

「もっと活用していこう」

といった前向きな意識に結びついていきます。

こうした流れを作っていけるように誘導するのもまた、ＩＴ化担当者の役割であり、その方法としてスモールスタートはとても有効に作用するのです。

根気のいる取り組みではありますが、踏ん張りどころでもあります。


実際に操作する現場の人たちに負荷をかけすぎることなく、

「気づいたら、システムを使うことに慣れていた」

「システムを使うことが、あたりまえになっていた」

という状況に導いていく。

これもまた、ＩＴ化成功パターンの１つです。

効果を共有してやる気を高めよう

システムは、導入して終わりでないことは何度も繰り返してきました。現場がそれを使いこなせるようになり、浸透し始めたら、次にすべきことがあります。

それは、ＩＴ化による効果の測定です。現場の反応や感想を聞き、数値化できる効果は数字を見ながら、継続して使うかどうかを判断します。

また、数値化して効果を確認する場合、

「残業代が減っている」

「転記する際のミスが減った」

といった、客観的な評価を見ると同時に、ＩＴ化を目指した最初の目的である、

「何のために？」

に照らし合わせて、期待通りの効果が得られているかを確認することも重要です。効果を確認できた場合は、その事実を必ず現場と共有してください。

効果を数字で具体的に伝えることで、現場は、

「何だか業務がラクになった気がする」

という自分の実感だけでなく、

「実際に作業ミスが減っている」

という厳然たる事実として、それを認識できます。


たとえば、当社がキントーンでのシステム開発を支援した、岐阜県でケーブルテレビ事業をされている株式会社アミックスコム様の事例です。

こちらの会社では、インターネットの開設工事を依頼する工事業者への発注やスケジュール管理の情報を、エクセルやＰＤＦを使ってやりとりしていました。

案件の進捗情報をＰＤＦファイルを使って管理していて、進捗があった際にアミックスコム様と工事業者がその都度ＰＤＦに追記して、ＰＤＦを作り直して渡すといったやりとりになっていたため、大変な時間と労力を必要としていたうえ、作業時の注

意事項などの記載漏れといったミスも発生し、トラブルも起きていました。

そこで、システム39をご契約いただき、キントーンでスケジュール管理システムを構築し、顧客情報もキントーン上で一元管理しました。

お客様と工事業者は、キントーンのスケジュール管理システムに進捗状況を報告できるようになり、それだけで年間１００時間以上分の工数を削減できるようになりました。

さらに、キントーン上に顧客の詳細な情報を載せることで伝達ミスが激減し、クレームや事故を未然に防ぐことができるようになりました。

システムの操作を覚えるのを億劫に思う人や、不慣れな作業に戸惑う人もいるでしょう。しかし、ＩＴ化による成果がきちんと出ることがわかれば、ＩＴ化することへの納得度も高まります。

「システムを覚えよう」

「使いこなせるようになろう」

という気持ちも、高まりやすくなるのです。

「人は変えたくないのではない。変えられたくない」

システムを浸透させていく過程で、何か障害になるものがあるとしたら、それは、

「ＩＴ化など後回しでよい」

「今はもっと他に優先すべきことがある」

と考えている、ＩＴ化に消極的な抵抗勢力ではないでしょうか。

しかし考えてみれば、〝後回し〟とは〝あとでやる〟という意味であり、ようするに彼らにも「いずれはやろう」という気持ちはあるのです。

ただ、日々の業務が忙しかったり、面倒くささが先に立ったり、何だか大変そうだというイメージが先行して、消極的になっているに過ぎない人もいるでしょう。

もし、誰かがサポートすることによって、そうした不満や不安が解消されれば、Ｉ

Ｔ化を理解し、協力してくれるはずです。

しかし、抵抗勢力の一部には、心の底からＩＴ化に反対している人もいます。「いずれやろう」という意識などそもそもなく、あったとしても非常に弱いでしょう。

「絶対にやらなくていい」

「まったく必要ない」

と信じている人たちです。

反対する第１の理由としては、新しいことに対する拒絶反応が挙げられます。

ＩＴ化に限らず、何かを変化させようとするときには、少なからず抵抗する人が出てきます。変化が大きいほど、「既存の慣れたやり方を変えたくない」という気持ちも大きくなります。

前出アミックスコム様のＩＴ化担当者の方が、ご自身のＩＴ化の経緯を振り返り、**「人は変えたくないのではなく、変えられたくない」**という言葉を使っていました。

まさにこの言葉が表す通り、コロナ禍以前の世の中で、働き方改革やそのためのＩＴ化が進まなかったのは、ここに原因の１つがあったのだと思います。

また、変化が自分にとってマイナスになる場合や、マイナスになると信じている人も、抵抗感を持ちます。たとえば、出先からスマートフォンで情報にアクセスできるようになると、そのせいで業務が増えるのではないか、今以上に忙しくなるのではないか、と懸念する人がいます。これはあくまで、営業担当者の仕事を効率化するためのＩＴ化なのですが、その真意がうまく伝わっていないのです。

逆に、

「仕事が、より細かく管理されることになるのではないか」

「業務の状況を、監視されることになるのではないか」

といった誤解から、ＩＴ化を不要なものと捉える人もいるようです。

また、既存のやり方ですでに結果を出している人も、抵抗勢力になり得ます。

トップセールスを記録している営業担当者であれば、「売れているのだから、今のやり方でまったく問題ない」と考えているでしょう。

しかも、ＩＴ化によって入力作業が増え、その分だけ営業に回る時間が減ることになれば、その点をマイナス要素と考えても仕方ありません。

また、自分の持つ顧客情報が社内全体で共有されることになれば、

「自分がとれるはずの契約が、他の人にとられるかもしれない」

と不安に感じることもあります。

こうした視点に立てば、ＩＴ化は時間を奪い、顧客を減らす要因となるわけです。


こうした抵抗勢力を説得するのは大変です。大変ですが、避けられない問題です。

経営者やＩＴ化担当者が中心となって、解決していかねばなりません。

なぜなら、**ＩＴ化を成功させるためには、何度もいうように、全社一丸となって取り組むことが大前提**だからです。

では、いったいどうすればいいのでしょうか。

抵抗勢力の攻略ポイントは２つあります。

①「何のため」の再確認と共有
②今ではなく未来に目を向ける

それぞれについて解説してみましょう。

抵抗勢力の攻略ポイント①

「何のため」の再確認と共有

1章で触れた通り、

「何のために」

はIT化に取り組む原点です。

その答えとして、私は以下の3つを挙げました。

①日々の業務のムダとムラをなくす
②リソース配置の最適化
③新たな事業や働き方を創出

IT化に抵抗感を持つ人は、この3つが認識できていない可能性があります。

つまり、「IT化に取り組んだ結果、自分によい効果がある」というイメージを持てずにいるのです。であるなら、**より具体的に、わかりやすく、「あなたによい効果がありますよ」と伝える必要があります。**

先に挙げた〝トップセールスを記録している営業担当者〟を例にすると、次のようなことを伝える必要があるわけです。

「ＩＴ化によって業務のムダを省き、効率化することで、今より多くの時間を営業に回せるようになります」

「社員の教育をオンライン化し、動画で学べるシステムを整えることで、新人や後輩の指導にとられている時間を、本来の業務に回せるようになります」

「あなたほど優秀な人なら、ＩＴ化によって日頃の業務の効率化を図ることで、余裕ができた時間に新たな事業のアイデアを出し、働き方の創出に貢献してくれるだろうと期待しています」

……というように、現場で売るプレーヤーとしてだけでなく、新たな事業を創り出していくプレイヤーとしても、活躍していくイメージを持ってもらうことができたら、ＩＴ化に取り組む意義や価値は理解されるのではないでしょうか。

情報共有＝課題の共有

実際にシステムを導入していくときも、その都度、

「何のために」

が、現場に理解されているかどうか、しっかり確認することが大事です。


一例として、業務日報のデジタル化があります。

これも導入する理由がきちんと共有されていないと、現場の人たちは単に、

「手間が増えるだけ」

と受け取ってしまうことがあります。

そうならないように、日報を入力するとどうなるか、会社や社員にとってどんなメリットがあるのかを、きちんと伝えなければなりません。

導入の目的と効果は、常に、全員に、共有されるべきものです。

そうすれば、

「現場を細かく管理したいのではないか」

「サボっていないか見張るためのものじゃないのか」

といった誤解が生まれることも防げます。


当社はもともとエンジニアを中心にリモートワークを導入していましたが、総務などはオフィスに通勤していました。

しかし、コロナ禍で当社も全社員をリモートワークに移行することを決めました。

その中には新入社員や入社間もない中途社員もいました。

その際、「先輩社員からのフィードバックを目的とした、新入社員や中途社員の作業内容の可視化」という目的で日報を導入しました。


導入の際には、当然ながらこの目的をきちんと伝えました。目的をしっかりと伝えないと書く内容にブレが生じますし、「細かく管理されている」という誤解が生まれ、面倒くさくなり、箇条書きレベルのただの業務報告になってしまいます。

目的を伝えることで社員は日々の作業内容だけでなく、作業時に困ったり、悩んだりしたことを書き込んでくれるようになります。そして、重要なのは、そこに対して先輩社員がしっかりとフォローコメントを書くことです。

フォローコメントが書かれることで、日報を書いた社員は日報を読んでもらえているという実感を得ますし、フォローコメントでもらったアドバイスを次の作業に活かせるようになります。


このようなやりとりが生まれたのも、「先輩社員からのフィードバックを目的とした、新入社員や中途社員の作業内容の可視化」という目的を明確にしていたからです。「日報を導入しました。各自、業務内容を報告してください」という伝え方をしてしまっていたら、日報システムは浸透しなかったでしょう。単に現場に丸投げしているに過ぎないからです。

そうではなく、一つひとつに返信して伴走しつつ、コミュニケーションツールとして使うための機能を高めていくことで、日報を書くということが1つの業務として根づき、やがて積極的に情報を共有する文化が根づきました。

情報共有が進めば進むほど、社内で見えていなかった業務課題も、その解決策も浮かびやすくなります。

情報の可視化は、ＩＴ化が生み出す大きな成果です。

誰かが業務上の問題やトラブルについての情報を日報に書き、それを見た誰かが原因や解決策を提案する。こうした流れを生み出しやすいからです。

個々の業務だけでなく、会社、職場、経営の課題も同様に、情報を公開するほど解決策が得やすくなります。

情報の可視化と共有は、経営にとってプラスに作用します。

「社員から意見が出ない」

「社員の積極性が足りない」

といった声を聞くことがありますが、その原因は、そもそも積極的に意見を出すための情報を共有していないからかもしれません。

「情報の共有」は「課題の共有」につながります。

ＩＴ化の目的が課題を見つけ、解決することであるとすれば、まずは情報にアクセスしやすい環境を作ることが必要です。会社があらゆる情報を共有し、社員にも情報共有を促し、双方向のやりとりを活性化していきましょう。

ＩＴ化を考えるとき、とくにコミュニケーションツールの活用を考える際には、「情報共有」が柱になります。経営と現場の課題を、全員で解決していく――そうした意識を醸成していくことが、ＩＴ化によって可能になるのです。

現場は経営者の覚悟を見ているもの

そのＩＴ化が「何のために」行われるのか、システム導入にどういったメリットがあるのか。こうした情報を社員と共有する際は、経営者が伝えたほうが説得力はぐんと増します。

経営者が伝えることで、ＩＴ化の取り組みが全社方針であることも理解されやすくなります。経営者がそこでいかに熱意を見せられるかで、社員もその重要性を自分なりに測ることになるでしょう。

現場、とくに抵抗勢力に属する人たちは、経営者や会社がＩＴ化にどれだけ熱量があり、覚悟があるかを見ています。

現場に業務の変化を求めるなら、経営者も変わらなければなりません。

「業務改善を、やる、やり切る」という意思表示が必要なのです。**本気で取り組む意思があることを、言葉と行動で示すことが不可欠**です。

システム導入の勉強会を行うのであれば、誰かに指示してやらせるのではなく、経営者自ら参加します。経営層ほど積極的に参加して、勉強する姿勢を見せる。そのほうが熱意は伝わりやすいでしょう。営業や接客のオンライン教材を作るなら、経営者が動画に出演してお手本を見せるのもよいと思います。

当社がお手伝いさせていただいた、株式会社八芳園様は、ＩＴ化するにあたって経営者がその本気度を社員に示したことで、成功できたよい例でした。

ウェディング事業などを行っている八芳園様は、新型コロナの影響で利用者が減った期間を利用して、会社の業務を刷新することを決めました。

それまでは、10年以上前に導入した基幹システムを、少しずつ更新しながら使用を続けていました。

しかし、予約状況がアナログで管理されていたため、営業担当者が部屋の空き状況を出先で即座に確認する方法がないなど、非効率なままの業務があらゆるところに残っていました。

結婚式を行われたお客様のデータもかなり蓄積されていましたが、経営判断に活かせる水準ではなく、活用するまでに至っていませんでした。

こうした課題をすべて洗い出し、一気に解決を図ったのです。


そのための第一歩として、経営者は、コロナ禍の影響で大幅な赤字が出ている中、生き残るために、ＩＴ化による業務改善に大きく投資する覚悟を決められました。

結果、キントーンをシステムの中心にしてデータを一元管理させ、予約状況はタブレットからいつどこでも確認ができるようになりました。また、あらゆる業務にキントーンを使うことで顧客データも精錬され、経営判断に使える水準まで一気に可視化させることができました。

これは経営者として大きな決断をされた結果、生まれた成果です。

なぜなら、売上が落ちている状況だからこそ、さらに営業をかけて、売上を少しでも補填しようという方針を選択しがちだからです。

しかし、そうではなく、業務改善と、そのためのシステム刷新を最優先にしたことは、まさに「大きな決断」といわざるを得ません。

このような方針を示すことで会社の本気度が伝わり、全社一丸となってＩＴ化に取り組むことができました。

「基本」を理解することが何より大事

株式会社星野リゾート様では、アプリケーション基盤の１つとしてキントーンを全面導入されており、当社では長年、その開発をお手伝いさせていただいております。

当社のシステム39をご契約いただいたこともありましたが、星野リゾート様はシステム39でシステム開発をすることだけが目的ではなく、システム39の開発手法を社員に学んでもらい、社内の業務改善の手法として取り入れ、ＩＴ化の総量を最大化することも目的とされていました。

もともと星野リゾート様では、情報システム部門を強化させ、ＩＴ化、社内の内製化に早い段階から積極的に取り組まれ、近年では基幹システムの自前化を目指して、エンジニアの積極採用にも踏み出しています。

しかし、それだけにとどまらず、システム39の開発手法を社内異動で集まった現場出身の情報システム部門の方だけでなく、現場担当者の方にも学んでいただいています。

これも会社の本気度が見える良い例だと思います。

システム39で開発手法を学ぶ目的は「キントーンで開発できるエンジニアを育成すること」ではなく、「業務改善ができる人材を増やすこと」にありました。

業務改善できる人が増えれば、課題が見つかりやすくなります。一人ひとりが複数の課題を見つけられれば、より多くの課題解決に向けた取り組みが増えます。

もちろん、ＩＴ化はすべての施策がうまくいくわけではありません。挑戦に失敗はつきものです。しかし、取り組みの数が増えれば、おのずと成功例の数も増えます。なぜなら失敗例からは失敗した原因を探って改善し、成功例からは成功パターンを見つけ出せるからです。

さらに星野リゾート様のように、業務改善できる人を増やすことで、我々のようなSIerに開発を依頼する場合でも、相談する時点で業務課題が明確化されていて、課題解決に対するイメージができているため、価値のあるシステムの実現スピードが早まります。

こうして、業務改善の取り組みはより効率化し、加速していきます。

ＩＴ化する目的がＩＴ化そのものではなく「課題解決」であるように、**ＩＴ化担当者を増やす目的も、社内ＳＥを増やすことではなく、「社内の課題を解決できる人を増やすこと」**です。

そのための手段としてＩＴ化やデータベースについて学んでいけば、その過程で、プログラミングに興味を持ったり、ＤＸについて深く勉強したくなったりする人が現れるでしょう。

興味があれば独自に専門知識を学び始めるものですし、そういう人を会社として支援する制度を整えるという選択肢もあります。

たとえるなら、自動車免許を取得するようなものかもしれません。

公道を走る上では、知っておかねばならないルールと知識があります。

それを踏まえた上で、車の基本的な操作方法がわかれば目的地に着けます。

そうした基礎を学ぶうちに、レーサーになりたいと志した人は、より高度な運転技術を学ぶようになるでしょうし、改良や修理に興味を持った人は、車の構造をより専門的に学ぶようになるでしょう。

課題解決に向けた道のりも同様に、まずは課題解決の手順やＩＴ化の基本を理解することが大事なのです。

抵抗勢力の攻略ポイント②

今ではなく未来に目を向ける

抵抗勢力を攻略する2つ目のポイントは、今ではなく未来に目を向けることです。

1つ目のポイントでも登場した、抵抗勢力になる可能性がある「現状トップセールスの営業担当者」が「ＩＴ化は不要」と考えがちなのは、現時点で売れているし、深刻な問題が起きていないからです。

当然ながら、注文がとれなくなり、売上がゼロになれば、誰だって「どうにかしなければ」と考えるでしょう。

新型コロナウイルスの影響が深刻化したときが、まさにそうでした。

来店者が減ったり、対面の打ち合わせができずに仕事が滞ったりしたことをきっかけとして、あらゆる業種でＩＴ化が進みました。

つまり、追い詰められたときには、「すぐやる」意識が芽生えます。

しかし、新型コロナウイルス以前の社会がそうであったように、とりあえず現状が何とかなっているうちは「後回しでよい」と考えてしまうものです。

だからこそ**持つべきは、**
「今はよかったとして、未来はどうか」
という視点です。

今月は一定の売上があっても、来月は減っているかもしれません。
1年後はさらに減り、窮地に陥っているかもしれません。
未来は今の延長線上にあるけれど、だからといって「今が順調」という事実は「未来も安泰」という結果には必ずしも結びつかないのです。

IT化による課題解決は、会社の未来を変える取り組みです。
IT化について考えるときは、経営者もIT化担当者も、現時点で抵抗勢力となっている人たちも、全員の目線が今ではなく「未来」に向いている必要があります。

「他社の取り組み」が見えない恐ろしさ

さらにいえば、未来に待っているかもしれない危機は、社内の問題だけとは限らないでしょう。

たとえば、競合他社との関係です。

ＩＴ化が他社に後れをとればとるほど、不利になるのは間違いありません。

ＩＴ化は、適切なシステムの適切な導入が行われれば、必ず業務の効率化と生産性向上につながります。

現在の日本においては、国内の人口が減り、消費力が落ちていく中で、効率よく売上を確保できるように会社の体制を変えていくことは急務です。にもかかわらず、ＩＴ化を後回しにすれば、ＩＴ化を優先させた競合に差をつけられるであろうことは容易に想像できます。

一方で、ＩＴ化が特徴的なのは、競合の取り組みがよく見えないことです。

リアルの店舗を持つ小売店や飲食チェーンなどは、競合が店を出すことによって、

「この駅前でお客様を増やそうとしている」

「このエリアで商圏を広げようとしている」

といった戦略が見えてきますし、実際に店舗へ行ってみることで、狙っている客層なども推測できます。競合の行動が把握しやすいのです。

ところが、ＩＴ化はあくまで社内の取り組みとして進んでいく部分が多いため、競合が、どんな業務を、どんなふうに改善しているのかが見えてきません。そもそも、ＩＴ化に取り組んでいるかどうかも把握しづらいでしょう。

これは、競争環境という点から見ると、非常に怖いことです。

なぜなら、気づかないうちに競合の業務改善が進み、気づいたときには大差をつけられている可能性があるからです。


だからこそ、今ではなく未来を見ることが重要です。

今だけを見ていると、

「周りが動き出したらやればいい」

「今は、うちがリードしているから大丈夫」

などと考えてしまいがちなのです。

しかし、実は競合は、せっせとＩＴ化の計画をまとめているかもしれません。

その差がやがて、売上や集客数の差になります。

気づいたときには、もう間に合わない。

そんな状況に陥らないためにも、ＩＴ化を今、考えていくべきなのです。ＩＴ化は、遅すぎるということはあっても、早すぎることはありません。

遅れるほど採用にも不利になる

ＩＴ化の第１の目的が業務改善であることは、何度も繰り返してきました。つまり、現状では改善すべき業務があるということであり、現場にはそれに対して不満を持つ人もいるだろうということです。

そこから導き出せることとして、ＩＴ化が遅れることで、優秀な人が採用できなくなる可能性があります。

若い人たちは、効率よく、合理的に、便利に働きたいのです。

ワークライフバランスを考えることがあたりまえの社会において、業務効率が悪い会社は時代遅れと判断されるでしょう。稼げる業界でも給料が高い会社でも、単純作業の繰り返しで忙しく働かなければならない会社は敬遠されます。

「給料は高いけれどブラックだよね」

と評価されれば、人が集まってきません。

ＩＴ化の取り組みは、新しいことに挑戦する姿勢の表れでもあります。

若い人の目には、自由に挑戦できる環境があり、その積み重ねによって会社も自分も成長できる会社こそ、魅力的に映ります。旧態依然としたアナログな会社は、候補から除外され、さらに人が集まりにくくなります。

ここでいう「若い人」とは、この先5年、10年という期間で、社会に出る人たちのことを指していると考えてください。**彼らは、物心ついたときにはタブレットやスマートフォンを使っている「デジタルネイティブ」の人たち**です。

大学生の時点でデジタルツールを使っている人たちを、デジタルネイティブという括りにすると、現状はまだ社会人の3分の1から4分の1程度の割合ですが、２０３０年には半数を超えます。

デジタルネイティブと、「デジタルを使えるようになったアナログ出身の人」とでは、ツールが使えるという点では同じかもしれませんが、ＩＴに関する発想、価値観、

慣れなどは大きく異なります。

英語力でたとえるなら、アメリカで育った人と、国内の語学スクールで勉強した人くらいの差があるのです。

今後、社会のＩＴ化がますます進み、新たなサービスが作り出されていくことを考えれば、働き方の面でも、商品開発の面でも、デジタルネイティブのアイデアが必要不可欠になるでしょう。

経営目線で見れば、デジタルネイティブをどれだけ採用できるかによって、会社の未来が変わるといっても過言ではありません。

デジタルネイティブが興味を持ち、「就職したい」と希望する会社であることが大事であり、そのための対策を今すぐにとる必要があります。ようするに、ＩＴ化によって、デジタルネイティブたちが「働きやすい」と考える環境を実現していくことが、急がれているのです。

IT化はすべてにつながっている

デジタルネイティブが重要であるという点は、お客様やパートナー会社についても同じです。

ＩＴ化が進むほど、お客様は、
「便利にサービスを使いたい」
「便利に商品を買いたい」
と思います。

ネットショップやシェアリングが普及した理由は、お客様が便利さを求めたからであり、それがより簡単で、気軽に使えたといった点も、お客様にとっては大きな価値となったのでしょう。

その価値を提供できなければ、お客様は離れていきます。デジタルネイティブのお客様が増えていけば、そのような傾向はさらに強くなると考えられます。

パートナー会社や取引先が、日々の業務のやりとりを便利にできるほうが望ましいと思うのは当然です。業務にムダがある会社より、改善されている会社と付き合いたいと考えます。

課題解決に熱心な会社には、

「取り組みを参考にさせてほしい」

「共通の課題を一緒に考えたい」

というパートナーが集まります。お互いの知見を持ち寄ることで、業務改善やＩＴ化の取り組みも前進しやすくなり、洗練されやすくなります。

デジタルネイティブの働き手が増えていく今後は、その年代の人たちに、

「一緒に仕事をしたい」

と思われる会社であることが必要なのです。

また今後は、地域外に住む人を採用したり、地域外の会社と提携したりするケースも増えていくだろうと思います。

従来はオフィスがある地域に住む人を採用してきた会社も、今後は人口が減るため、地域を限定して採用するのは難しくなります。採用できる人の数はもちろん、能力、多様性が制限されるからです。パートナー会社についても、それは同じです。

しかし、業務を分解し、業務フローが整理されていれば、地方に住む人でもリモートワークでつながることにより、業務の一部分を任せられるようになります。採用が難しい専門職の人でも、経理は北海道の人に頼み、労務は九州の人に頼むといったことが可能です。

地方には、専門知識はあるけれど働き口がないという悩みを抱える人が、少なくない数いるのです。地方の企業も同様に、リソースはあるけれど地域に需要がない、という悩みを持っています。

一方で、人口減少の影響で優秀な人が採用しづらい点に悩む会社もあります。

両者のマッチングができれば、双方にメリットがあるだけでなく、社会的な意義も大きいでしょう。

もちろん、マッチングを可能にするには、そのためのIT化が必須であるとともに、

「この会社で仕事をしたい」

「この会社と仕事をしたい」

と思ってもらえる会社であることが大前提です。

現状は人が足りていても、数年後のことはわかりません。

人事部門のリーダーは、

「働き手は地域で見つかる」

「採用のＩＴ化は後回しでよい」

と考えているかもしれませんが、それが原因で将来的な人材力の低下につながる可能性もあります。

つまり、営業や売上の面だけでなく、企業の源泉である人材の確保についても、

「今はよかったとして、未来はどうか」

という視点を、今こそ持たねばなりません。そして、課題があるなら、ＩＴ化による解決策を考えていくことが大事なのです。

増やすだけでなく〝減らす視点〟を持とう

ＩＴ化とは何なのか。

なぜやるのか。

どうやるのか。

いつやるべきなのか。


ここまで、でき得る限りの言葉を尽くしてご説明してきました。

ＩＴ化に興味を持ち、もしくはＩＴ化への疑問を解消しようと本書を手にとってくださった読者の皆さんに、最後に、システム導入後の未来についてお話ししてみようと思います。

システムを運用する中で重要なことは、定期的に機能を見直しながら、その時々の事業や働き方に合うシステムに変えていくことです。

システム導入がゴールではなく、むしろそこがスタートである。

何度もご説明してきた通りです。

システムは使ってみなければわかりません。運用後のシステムの拡張、もしくは変更は避けられません。ですから、運用後もＩＴ化担当者が中心となって、数々の問題に対応していく必要があるでしょう。

システム導入はスモールスタートが基本ですので、運用後に必要な機能などを追加し、システムを拡張していくことになります。

ただし、考えるべきは拡張する方向だけではありません。

縮小する方向でも考える必要があります。

「便利そう」

「使ってみたい」

という視点で拡張し続けていくと、多機能になりすぎて使いづらくなる可能性があるからです。

これは、ＩＴ化に対して熱量が高い人ほど注意してもらいたい点です。熱量が高い人ほど、「より便利に」「より快適に」といった意識が強くなるため、気づけば機能過多なシステムになってしまいがちなのです。

最近のテレビのリモコンは、ボタンが多すぎて操作しづらく感じませんか。システムも同じで、機能が増え、ボタンや入力欄が増えてしまうと、どの部分の、何を操作すれば、どうなるのかがわからなくなります。使い勝手が悪化するだけでなく、多機能になるほど運用の手間がかかります。

また、ＩＴ化担当者を次代に引き継ぐとき、システムが複雑すぎると構成や仕組みを理解してもらうまでに時間がかかるでしょう。現場も同様で、新しく入った社員にシステムの使い方を覚えてもらうのに一苦労します。

ようするに、**理想的なシステムとは、できるだけシンプルで、その時点で必要最低限の機能が備わっている状態**なのです。

それを目指して、「余計な機能を増やさない」という意識を持っておくことが大事です。

できれば、システムを見直す棚卸し作業を行ってください。

年1回、もしくは半年に1回と決めて定期的に行ってもよいですし、事業内容や事業モデルが変わったり、社員の出入りがあったりした際に、見直すのもよいと思います。

その際も、**便利な機能や新しい機能を増やすことを第1に考えるのではなく、「使いやすい状態にするには、何が必要で、何が不要か」を考える**ようにします。

見直してみて、まったく使っていない機能があれば、捨ててしまいましょう。システムの断捨離というわけです。導入したばかりでも、使っていないのなら削除してしまってよいと思います。

自由な取捨選択ができるのが、クラウドサービスの利点です。柔軟な思考と姿勢でシステムを変えていきましょう。

5章 まとめ

★IT化は待ったなし。**「すぐやる」。**

★「すぐやる」意識を皆で共有するには
①できることからやる
②小さく始める（スモールスタート）
のが大事。

★**「抵抗勢力との付き合い方」**は、
①「何のため」の再確認と共有
②今ではなく未来に目を向ける
のが大事。

★**IT化に遅れるほど採用に不利になる**
IT化は人材戦略を有利にする。

★**「増やす」**だけではなく**「減らす」**視点を持つ。

あとがき

ＩＴ業界に携わって、20年以上が経ちました。

当社ジョイゾーを設立してからも10年が経ち、おかげさまで大企業から中小企業まで、さまざまな企業のシステム導入を支援させていただいております。

この間、ＩＴの技術は飛躍的に進化しました。

ウェブ会議システムや電子マネーなどのキャッシュレス決済など、日頃利用しているサービスを見てもわかる通り、ＩＴでできることの領域は広がり続けています。

もはやＩＴなしでは仕事も生活も成り立たないくらい、社会はＩＴの技術によって変わっていると思います。

業務システムも、ここ数年で、オンプレミスからクラウドへの波が訪れました。

そして、新型コロナウイルスの影響により、リモートワークの導入が進み、時間と場所にとらわれずに業務が遂行できる仕組み作りが求められ、クラウドを活用した業務システムの必要性がさらに高まっています。

本文でも書かせていただきましたが、「ＩＴは難しくてよくわからない」という理由で、ＩＴ化を進めないことは、会社として致命的なリスクとなってきます。

本書を執筆するにあたっては、極力ＩＴの専門用語は使わずに、ＩＴに慣れていない方にもわかりやすく伝わるよう心がけました。

また、本文で何回も書かせていただきましたが、ＩＴ化は「目的」ではなく「手段」です。

しかし、ＩＴに興味を持ち、せっかく業務改善に取り組んだのに、いつの間にか、「このＩＴサービスを使ってＩＴ化を進めていきたい」といった、Ｈｏｗの視点からシステム開発をすすめてしまうパターンに陥りがちなのです。

そうならないために、「誰が、何を、いつやるのか」というところの重要性について、特に詳しく書かせていただいています。

ＩＴ化に興味があって本書を手にとってくださった方はもちろん、「ＩＴはどうも……」と思ってらっしゃった方も、本書をお読みいただくことで、苦手意識を少しでも払拭し、失敗しないＩＴ戦略に活かしていただければとてもうれしく思います。

また、このたび推薦文を寄せてくださいましたサイボウズの青野慶久社長、星野リゾートの星野佳路代表に心より御礼申し上げます。

初めての出版で右も左もわからない私を企画から支援いただいたKiss and Cry代表の落合絵美さん、構成ライターの伊達直太さん、ライターの玉置見帆さんにも、この場を借りて御礼を申し上げます。

そして、本文に書かせていただいたお客様事例の多くを担当し、当社のＳＩ事業部の責任者として共に事業を進めてきた、四宮琴絵の存在なしでは本書はできあがりませんでした。

妻としても常に私を支えてもらっており、この場を借りてありがとうと言わせてください。

最後になりましたが、業務改善の取り組み方やＩＴ化に対して、本書によって１人でも多くの皆さまの、疑問や悩み、不安などが少しでも解決されたなら幸いです。

株式会社ジョイゾー
代表取締役社長　四宮靖隆

著者紹介

四宮靖隆（しのみや・やすたか）

株式会社ジョイゾー代表取締役社長。

1976年東京生まれ。

東海大学文学部卒業後、文系出身でメールもろくに使えない状態で、システム開発会社に入社。

システムエンジニアを目指すも、一番やりたくなかったインフラ業務をやることになりいじけるが、この時身につけたグループウェアの知識と経験が将来にわたってかけがえのない財産となる。

その後、2010年に株式会社ジョイゾーを設立。

2011年にサイボウズがリリースした業務改善プラットフォーム「kintone」に大きな可能性を感じ、ジョイゾーのメインビジネスとする。

kintone専門ブログ「kintoneを便利に使う方法を紹介するブログ」を開設。

2014年6月に日本初のkintoneをベースにした「来店型」「定額」「初回無料」の対面開発サービス「システム39」をリリース。

kintoneの導入実績の豊富さや知識の深さから、Mr.kintoneと呼ばれる。


御社（おんしゃ）にそのシステムは不要（ふよう）です。

中小企業（ちゅうしょうきぎょう）のための〝失敗（しっぱい）しない〟IT戦略（せんりゃく）　〈検印省略〉

2021年　2月　11日　第1刷発行
2021年　5月　8日　第2刷発行

著　者——四宮 靖隆（しのみや・やすたか）
発行者——佐藤 和夫

発行所——株式会社あさ出版
〒171-0022　東京都豊島区南池袋 2-9-9 第一池袋ホワイトビル 6F
電　話　03 (3983) 3225 (販売)
　　　　03 (3983) 3227 (編集)
F A X　03 (3983) 3226
U R L　http://www.asa21.com/
E-mail　info@asa21.com
振　替　00160-1-720619

印刷・製本　美研プリンティング(株)

facebook　http://www.facebook.com/asapublishing
twitter　http://twitter.com/asapublishing

ISBN978-4-86667-260-1 C2034